民主制度下公共政策和绩效管理

理论与实践

[以色列] 什洛莫·米兹拉希（Shlomo Mizrahi）◎著

陈文晖◎译

Public Policy and Performance Management in Democratic Systems

Theory and Practice

经济管理出版社

ECONOMY & MANAGEMENT PUBLISHING HOUSE

北京市版权局著作权合同登记：图字：01-2023-4283

民主制度下的公共政策和绩效管理：理论与实践

原书 ISBN 978-3-319-52349-1　ISBN 978-3-319-52350-7（电子书）

DOI 10. 1007/978-3-319-52350-7

Public Policy and Performance Management in Democratic Systems：Theory and Practice by Shlomo Mizrahi

© Shlomo Mizrahi, 2017

This edition has been translated and published under licence from

Springer Nature Switzerland AG.

图书在版编目（CIP）数据

民主制度下的公共政策和绩效管理：理论与实践/（以）什洛莫·米兹拉希（Shlomo Mizrahi）著；陈文晖译．—北京：经济管理出版社，2023.8

ISBN 978-7-5096-9212-7

Ⅰ.①民…　Ⅱ.①什…②陈…　Ⅲ.①国家行政机关—行政管理　Ⅳ.①D035.1

中国国家版本馆 CIP 数据核字（2023）第 169291 号

组稿编辑：张馨予

责任编辑：张馨予

责任印制：黄章平

责任校对：张晓燕

出版发行：经济管理出版社

　　　　　（北京市海淀区北蜂窝 8 号中雅大厦 A 座 11 层　100038）

网　　　址：www. E-mp. com. cn

电　　　话：（010）51915602

印　　　刷：唐山昊达印刷有限公司

经　　　销：新华书店

开　　　本：720mm×1000mm/16

印　　　张：11. 75

字　　　数：191 千字

版　　　次：2023 年 9 月第 1 版　　2023 年 9 月第 1 次印刷

书　　　号：ISBN 978-7-5096-9212-7

定　　　价：88. 00 元

摘　要

　　本书运用各种理论工具来探讨绩效管理体制的优缺点、改进方法及设计策略，并将其整合到决策过程中。通过理论见解和实际应用提供了一个独特的视角。本书使用四种在绩效管理文献中很少应用的研究方法：形式化（博弈论）建模、运营管理、新制度主义和基于国际数据集的跨国统计比较，阐述了公共部门绩效管理体制的不同方面。它为解释和设计此类体制及将其纳入政策制定过程提供了一个综合性理论框架，开辟了一个新的研究途径，让学者和学生接触新的方法工具，并为公职人员、政客和公民提供了改善公共部门绩效的实用方法。

作者简介

什洛莫·米兹拉希（Shlomo Mizrahi）是以色列内盖夫本古里安大学公共政策与管理系的副教授，与埃兰·维戈达-加多（Eran Vigoda-Gadot）一起撰写了《动荡时期的民主管理——现代国家的信任、绩效和治理》（*Managing Democracies in Turbulent Times-Trust，Performance，and Governance in Modern States*）一书。

前　言

本书探讨了如何运作绩效管理体制、如何改进绩效管理体制以促进问责制和有效性，以及如何设计绩效管理体制并将其纳入政策制定和体制改革进程。本书提出了一个集使用政策设计方法、形式化（博弈论）建模、运营管理、新制度主义和跨国统计比较来解释和设计这类体制的综合框架，从而开辟了新的研究途径，为学者和学生提供了新的方法论工具，并为公职人员、政界人士和公民提供了改善、提高公共部门绩效的实用方法。我们认为具有增进公共问责制和有效管理的体制安排可以促进组织学习，应该加以规划并纳入政策过程。在这些过程中，高级公共行政人员作为促进社会改革的制度企业家发挥着重要作用。

这本书是几年前开始筹划并且正在进行的一个项目。几年来，书中大部分章节的核心思想已在多个学术会议和研讨会上发表。在此，我要感谢绩效管理专题小组的参与者提出的宝贵意见、建议和见解。其中包括 2010 年第 3 届年度公共绩效评估及报告（Annual Public Performance Measurement and Reporting，APPMR）会议的专题小组成员、2013 年第 74 届美国公共行政学会（American Society of Public Administration，ASPA）年会的专题小组成员、2013 年第 17 届国际公共管理研究学会（International Society for Research in Public Management，IRSPM）年会的专题小组成员、2014 年国际政治学协会（International Political Science Association's，IPSA）年会的"政府机构与组织研究委员会"（SOG）专题小组成员、2015 年第 52 届公共选择协会（Public Choice Society）年会的专题小组成员、

2015 年第 19 届国际公共管理研究学会（IRSPM）会议的专题小组成员、2015 年
欧洲公共行政组织（EGPA）年会的专题小组成员、2015 年第 12 届跨大西洋对
话会议的专题小组成员及 2016 年欧洲公共行政组织（EGPA）年会的专题小组
成员。

在该研究项目的整个工作过程中，全球多个机构和大学的同行所提供的建议
和见解使我受益匪浅。我要特别感谢罗格斯大学公共事务与行政学院（Rutgers
University School of Public Affairs and Administration）的马克·霍尔泽（Marc Holz-
er）教授和格雷格·范-雷辛（Gregg Van-Ryzin）教授，威斯康星大学拉福特公
共事务与行政学院（Lafolte School of Public Affairs and Administration of the Univer-
sity of Wisconsin）的唐纳德·莫伊尼汉（Donald Moynihan）教授，奥斯陆大学
（University of Oslo）的乔斯坦·阿斯金（Jostein Askim）教授，以及海法大学
（University of Haifa）的埃兰·维戈达-加朵（Eran Vigoda-Gadot）教授和尼西
姆·科恩（Nissim Cohen）博士。特别感谢与我一起进行绩效管理机制形式化建
模工作的伊扎克·明楚克（Yizhak Minchuk）博士。

与本书中所描述的概念思想相关的工作令人兴奋。实际上，本书提出了一个
在非常广泛的背景下进一步探索绩效管理体制的研究计划。就这点而言，有时会
引起争论。本书还为立即融入决策过程和管理机制提供了许多实用工具。我相信
研究人员、从业者及普通大众都会发现这本书内容丰富且有用，希望它能引发一
场富有成效的辩论。

以色列比尔舍瓦（Beer Sheva, Israel）

什洛莫·米兹拉希（Shlomo Mizrahi）

目　录

1　绪　言 ··· 1

　　参考文献 ··· 8

2　公共部门的绩效管理：现状 ······································ 11

　　2.1　引言 ··· 11

　　2.2　新公共管理运动与改革 ····································· 12

　　2.3　绩效管理：核心特征 ······································· 14

　　2.4　绩效管理体制及改革 ······································· 17

　　2.5　基于绩效的决策、问责制和监控 ························· 19

　　2.6　基于绩效的微观管理 ······································· 23

　　2.7　绩效管理制度的核心病症：博弈和歪曲 ················· 26

　　2.8　总结 ··· 27

　　2.9　从业者要点 ··· 28

　　参考文献 ··· 29

3　民主制度下的绩效管理、博弈和监控 ························· 39

　　3.1　确认问题 ··· 39

3.2　理论框架 ··· 41

3.3　民主制度中的问责制：模型应用 ································· 45

3.4　综合分析 ··· 52

3.5　如何减少博弈行为？ ··· 56

3.6　总结 ·· 58

3.7　从业者要点 ··· 59

参考文献 ··· 60

4　绩效管理、管理质量和政府绩效：跨国定量分析 ··············· 66

4.1　引言 ··· 66

4.2　绩效管理与政府绩效：理论框架 ································· 68

4.3　研究设计 ··· 71

4.4　经合组织国家的四大趋势：研究变量深度考察 ··············· 77

4.5　经合组织国家的绩效管理、管理质量和政府绩效：实证分析 ······· 83

4.6　综合分析 ··· 87

4.7　总结 ·· 89

4.8　从业者要点 ··· 90

参考文献 ··· 91

5　使用层次分析法的公共部门战略绩效管理框架 ··············· 97

5.1　实现战略绩效管理 ··· 97

5.2　公共部门的绩效管理和层次分析法 ····························· 99

5.3　运用层次分析法规划绩效管理体制 ···························· 103

5.4　战略规划管理背景下的战略绩效管理框架（平衡计分卡、

关键绩效指标） ··· 109

5.5　总结 ··· 112

5.6　从业者要点 ··· 112

参考文献 ·· 116

6 通过制度分析框架将绩效管理纳入政策过程 ················ 122

6.1 引言 ·· 122

6.2 规划和实施公共部门改革的挑战和障碍：一个新制度
主义框架 ·· 123

6.3 新制度主义背景下的绩效管理改革 ························· 131

6.4 绩效管理改革的政治学 ······································· 133

6.5 高级公共管理人员和制度企业家在绩效管理改革中的
角色和战略 ··· 136

6.6 比较视角下的绩效管理改革：新制度主义分析 ········· 138

6.7 总结 ·· 140

6.8 从业者要点 ·· 141

参考文献 ·· 142

7 公共部门的绩效管理、有效治理和民主 ···················· 150

7.1 引言 ·· 150

7.2 21 世纪的民主——问责制和公共责任制的挑战 ········· 151

7.3 绩效管理方法的本质：它究竟是如何运作的？ ········· 154

7.4 绩效管理政策方针：规划阶段和政策工具 ··············· 158

7.5 绩效管理政策方针：实施阶段的制度和政策变化分析 ··· 160

7.6 总结 ·· 162

7.7 从业者要点 ·· 163

参考文献 ·· 164

索 引 ·· 168

1 绪 言

近 20 年来，绩效管理在公共行政文献中得到了广泛的关注，已经成为新公共管理的主要组成部分（Bouckaert and Halligan，2008；Boyne et al.，2010；Talbot，2010）。绩效管理提倡以绩效为导向的管理理念，对目标和绩效衡量标准进行仔细规划，将其纳入管理过程，并利用其来执行对行动结果的责任（Heinrich and Marschke，2010；Moynihan，2008；Stiglitz et al.，2009）。这种系统在宏观层面（基于绩效的政策）和组织层面（基于绩效的管理）都有许多应用。绩效管理机制的范围和影响非常广泛，可以帮助解决、治理一些基本问题，如目标设定、问责制、控制和公民与政府的整合，以及公共部门、私营部门和非营利部门之间的关系（Behn，2003；Moynihan，2008）。有许多研究探索了这些机制的不同方面，也指出了其中所具有的重大功能失调。

本书运用了各种理论工具来探讨绩效管理体制的优缺点、改进方法，以及设计整合到决策过程中的策略，提供了理论见解和实际应用。具体而言，我们使用了四种在绩效管理文献中很少应用的研究途径，即形式化（博弈论）建模、运营管理、新制度主义和基于国际数据集的跨国统计比较。这些工具均有助于阐明公共部门绩效管理体制的不同。它们共同为解释和设计这些系统，并将其纳入决策过程创造了一个综合的理论框架。这是一个非常独特的观点，因为它使用了非传统的理论工具，并提供了理论见解和实际应用。本书认为，这种方法将开辟新的研究途径，让学者和学生接触新的方法论工具，并为公职人员、政界人士和公民提供改进公共部门绩效的实用方法。

本书强调了绩效管理方法与决策实施过程之间的交互方式。这种交互产生了一种本质上是双向的绩效管理政策方针。一方面，它包括决策者可以使用绩效管理机制并从中受益的方式；另一方面，它提出政策理论和实践可以帮助识别潜在缺陷的方法，使决策者能够设计和实施有效的绩效管理机制。

这种方法和本书都强调了公共问责制的作用，这是实现有效管理和治理的重要组成部分。民主制度一直面临着应对各种需求的挑战，其中之一就是对权力中心的有效控制。在过去的 20 年中，有关公共责任制的论述对这一挑战已经进行了探讨（Bovens，2007；Lindberg，2013；Schedler，1999）。问责制要求公共行政人员和政界人士系统地向彼此和公众报告他们的行为，并对这些行为的结果负责（Mulgan，2000；Schedler，1999；Vibert，2007）。文献表明，许多民主国家很难在公共领域实施和实现问责制（Lindberg，2013；Thompson，2014）。

近几十年来，基于绩效的政策和管理已成为确保公共领域问责制和责任制，以及效能和效率的主要机制。事实上，绩效管理方法已成为公共部门现代化的主要工具（Heinrich and Marschke，2010；Moynihan，2008；Stiglitz et al.，2009）。然而，基于绩效的决策体系容易被歪曲和误用，导致许多功能失调。因此，了解绩效管理的机制及其弱点有助于了解民主政体的运作情况，并发现如何加强公共领域的问责制和责任制的方式方法。

本书提出，现代民主国家实现问责制和责任制的核心问题，是民主制度的复杂结构以及它们强加给政客、官员、监管者和公众的嵌套关系。从这个角度看，问责制所面临的主要威胁之一是存在歪曲报告机制的博弈活动，从而削弱了公共责任原则。因此，最大的挑战是将绩效管理系统纳入决策过程，以证明其有效且高效，从而加强问责制和责任制。

本书阐述了构成政策分析框架的步骤中的论点。第 2 章描述了绩效管理的核心特征，以及它是如何成为新公共管理运动的一部分。该章详细介绍了目前基于绩效的政策和管理的研究现状，通过对众多实证研究进行分析确定了主要的理论见解。大多数研究人员采用归纳推理的方法，即专注于具体的案例研究，然后对其研究结果进行分析归纳，但得出的结论会受到限制。更广泛的分析是比较不同的案例，通常使用定性研究方法，以便更广泛地对他们的发现进行归纳总结（Pollitt and Bouckaert，2010）。然而，很少有研究使用演绎推理的方法，尝试从基于形式化的理论模型出发得出通用的见解。本书使用的方法解决了文献中的这一空白。

具体来说，第 2 章解释了绩效管理体制在宏观和微观层面的广泛应用及其优缺点，还介绍了公共领域嵌套关系的委托代理框架，为后续章节的进一步研究奠定了基础。

因此，虽然私营组织专注于绩效工资机制，但公共组织却仍在努力采用全面的绩效管理方法，包括评估员工绩效的手段、设立专门部门来规划实施绩效管理计划，以及引入结构改革以支持绩效管理，最重要的是针对收集和使用绩效数据的政治障碍（Behn，2003；Dixit，2002；Heinrich，2007；Moynihan，2008）。

在处理公共领域的问题时，本书还区分了宏观层面治理和政策制定，以及微观层面的组织管理。在宏观层面，本书解释了公共领域中政客、公职人员和公民之间的嵌套关系，以及这些关系如何加剧绩效管理体制中的冲突、扭曲和低效率。在微观层面，绩效工资机制是激励员工在工作中投入精力的主要手段。然而，公共管理者的动机可能不仅在于金钱，还在于改变组织文化，让员工觉得他们是组织不可或缺的一部分。这种方法的一个典型是增加员工参与管理过程。

第 3 章重点研究衡量机制中所存在的固有问题（即对目标、衡量措施和数据进行故意歪曲和博弈）来深化问题识别内容。本章使用了博弈论委托-代理模型（Mizrahi and Minchuk，2015，2016），确定了最小化代理人引起的扭曲和博弈所需的条件。因为衡量机制中的政客、监管者和高级管理者可能扮演双重角色，既是委托人又是代理人，因而委托人和代理人的利益有可能一致，这一事实造成了责任制、问责制和报告方面的严重问题。该模型提出了一些解决此类问题的策略。然而，这些策略尽管有助于最大程度地减少横向宏观层面上的博弈行为，但在组织层面，通过对话学习而不是将激励措施附加在绩效上，可以更好地提高绩效管理体制的效能。最大的挑战是将绩效管理整合并内化到政治和组织文化中（Moynihan，2008；Stiglitz et al.，2009）。

绩效管理机制是应用于私营部门和公共部门的一种重要管理工具，开始是在私营部门应用，后来也被公共部门采纳。但是其在公共部门的应用效果并不理想，这一功能失调的影响应引起关注。即使公共管理者和政客在决策过程中更加果断，这些影响也无法被最小化，因为功能失调结果源于公共部门和民主制度所具有的固有结构。这种批评要求进一步探索绩效管理影响组织绩效和政府效能的确切方式。

第4章的重点是探索绩效管理影响组织绩效和政府效能的确切方式。本章探讨了联邦政府采用的绩效管理做法是否与他们所要达到的具体结果相关，以及如何相关，特别是在与提高政府效能和绩效相关的方面。本章提出了一种方法，指出了绩效管理机制是管理质量的主要影响因素，应赋予中层和基层官员更大的管理权力，以便让其感觉到更具管理力。这些改进随后会转化为政府各部门和公共组织的效率与绩效的改善和提高。该研究模型基于战略管理的核心思想，即投入和活动导致产出，产出导致结果。我们质疑资源可用性、权力下放和协调举措等结构性变化是否在这种相互作用的动态过程中发挥了重要作用，以及在多大程度上发挥了作用。本章的目标是确定什么是设计绩效管理机制的主要重点，到底是结构参数还是个体参数。我们还试图确定这两组变量之间的相互作用。

本书还参考了一些经济合作与发展组织（Organization for Economic Co-operation and Development，OECD）国家的情况。在宏观层面，许多政府及国际组织将绩效管理机制视为对公共部门改革和现代化的重要工具；在组织层面，一些特定组织也采用了这种做法。具体来说，根据国际组织特别是经济合作与发展组织（以下简称"经合组织"）和世界银行收集的数据和衡量措施，本书为37个国家建立了一套数据集，其中包括许多项目。这些项目允许研究上述变量并对它们进行高级统计分析。

本书的分析支持这样一种观点，即绩效管理机制有助于管理过程。因此，在绩效管理政策的背景下设计和实施此类体制时，必须强调过程而不是结果。在规划改革时，应特别注意动机、激励、解释和学习等行为因素。这一重点将指导本书在后续章节中描述规划、实施和解释绩效管理改革和机制的框架。

第 5 章提出了一个规划绩效管理体制的决策工具，以解决现有体制中所存在的功能失调问题。该框架基于两个主要原则：第一，我们描述了一种方法，管理者可以通过这种方法决定目标、绩效指标和技术性绩效衡量标准，从而最大限度地减少使用策略来博弈体制的动机。这种方法的基础是基于层次分析法的应用，层次分析法通常用于对多个备选方案进行分级，其中需要专家对备选方案进行主观比较（Saaty，1990）。在当前所处背景下，该方法通过给组织活动中的每个组成部分分配权重，帮助对每个组成部分的相对重要性进行排序。这种方法集成了各种控制措施，使主观目标设定和绩效评估变得难以控制。第二，该框架建议将组织员工纳入绩效管理体制，将他们视为角色专家，参与设定目标、分配绩效指标和评估其角色的有效性。这种参与机制有助于最大限度地减少使用博弈策略的动机，并增加使用绩效信息来提高绩效的可能性。总之，本章描述的框架提出了一种用于规划绩效管理体制的决策工具，以减少博弈策略，鼓励使用绩效信息，并促进鼓励合作学习的组织文化。

更具体地说，在上述提到的这个框架中有三个阶段的决策过程。在第一阶段，绘制组织的活动图，并评估每个活动在组织活动给定维度内的相对重要性。在第二阶段，计算组织活动中每个维度的相对重要性。基于这两个阶段，管理者可以规划绩效管理体制。在第三阶段，通过对活动的重要性分配权重来评估活动的衡量技术。这种方法能够创建一种有助于改革组织结构的战略性绩效管理方法。

建立了规划方法之后，第 6 章分析了制约绩效管理体制有效规划和实施的因素和障碍。由于实施阶段存在的两个主要问题，公共部门绩效管理体制往往效率低下。第一，正如许多公共部门改革一样，绩效管理改革涉及许多利益相互冲突的参与者，他们调整或歪曲最初的改革方案或干脆冻结这些方案。改革方案的这种改变往往使其融入政策进程的效果不佳。第二，许多研究表明，绩效信息的收集和解释方式被公职人员视为适得其反和无效，造成绩效信息没有得到有效利用

（Behn，2003；Heinrich and Marschke，2010；Moynihan，2008）。因此，他们要么与绩效管理体制进行博弈，要么根本就不配合绩效管理。

为了解决这些问题，本书开发了一个整合性框架来分析具体的绩效管理体制的决策和实施，将各种新制度主义流派与公共部门改革的解释相结合。该框架有助于解释改革的过程，并为克服政策制定和实施阶段的障碍提出了战略性建议。

新制度主义重点关注的是制度变迁与强大的经济、政治和意识形态力量之间的关系，以及它们对政策结果的影响（Campbell，2004；Hacker，2004；Mahoney and Thelen，2010；Streeck and Thelen，2005）。然而，公共管理改革方面的学生，特别是与绩效管理体制转型相关的学生，一般很少利用新制度主义方法提供的丰富工具集来对这些体制进行系统调查（Dull，2006）。本书的框架提出一个四步分析法，通过该分析框架可以确定负面的政策反馈，确定锁定效应的强度，解释改革型企业家的演变及其思想动机，并使用文献中的类型学分析改革策略。

绩效管理改革的结构设置通常包括强大的内部否决权参与者，无论是在引入新机制还是在替换旧机制时，他们在解释或执行方面都具有很大的自由度。因此，自上而下的计划方案和指令只能勾勒出改革的总体情况，而对具体实施过程和由此演变而来的工作的解释能力有限。制度企业家及其使用的战略和策略是解释绩效管理改革的具体性质和特征的关键因素。

具体而言，在推进绩效管理改革时，政客们试图提高公共部门的透明度，并使其接受专业管理，以避免因他们与官僚机构之间所存在的固有冲突而导致失灵。然而，各级公共管理者清楚地认识到了这一动机，并经常通过阻碍这种机制的设计和实施进行反击（Mizrahi and Minchuk，2015）。因此，一个成功的执行实施过程需要在公共部门内部调动对改革的支持，最好动员担任制度企业家的、有声望的高级管理人员。

本书的分析强调了官僚企业家在绩效管理改革中的作用和策略。这些对于是否可以通过清晰和简洁的术语阐明问题至关重要。参与社交网络和组织的官僚企业家学习新思想，并将其转化为激进的制度变迁。事实上，成功的官僚企业家可以集结资源和盟友，提供证据证明他们建议的改革在其他地方已取得成功，并展示创新方案计划如何符合决策者的利益和观点，以及公众的情绪。在很大程度上，高级公共管理者拥有这些能力和途径，使他们成为公共部门改革进程中的关键角色。鉴于绩效管理改革的政治和行政障碍，高级（包括有限范围内的初级）公共行政人员成为发起和实施此类改革的关键角色。因此，他们所使用的战略及其克服障碍的能力是解释和规划绩效管理改革具体组成部分的主要因素。

第7章是综合分析，将所有前面提到的见解纳入包含若干原则的绩效管理政策方针中。第一，绩效管理机制可以丰富政策制定和实施执行，提高政府效能，加强民主国家的问责制和公共责任制。第二，为了实现这一目标，必须认真规划和实施绩效管理机制，使其充分融入决策过程。第三，中央政府和公共组织应将绩效管理视为必须持续参与的政策领域，而不是视为特定的管理工具。第四，鉴于需要不断学习的公共政策的周期性，绩效管理体制应以促进组织学习为目的，并将其规划、整合到政策制定和执行过程中。第五，有效的基于绩效的政策有宏观和微观两个层面。在宏观层面，政府应强调系统性的绩效指标，并为公众监督政府活动提供工具。在微观层面，政府政策应鼓励公共组织发展强调学习、组织绩效指标，以及将员工纳入机制设计过程的绩效管理机制。第六，鉴于制度企业家在推进政策和体制改革中的关键作用，他们在推进改革，以及引导改革在绩效管理领域达成社会改革方面也发挥着主导作用。公职人员是这种动态体制中的关键参与者，他们可以被视为充当社会改革推动者的制度企业家。该领域的研究应将注意力集中在他们是如何成长，以及他们所使用的策略上。这种方法还将针对如何促进体制和社会改革提出切实可行的建议。

本书展示了公共政策和绩效管理之间有趣而又创新（有时也具争议性）的互动过程。它提供了既科学又实用的见解，这些见解将丰富该领域的探讨和研究。

参考文献

[1] Behn, R. D. (2003) . Why measure performance? Different purposes require different measures. Public Administration Review, 63, 586-606.

[2] Bouckaert, G. , & Halligan, J. (2008) . Managing performance：International comparisons. New York：Routledge.

[3] Bovens, M. (2007) . Analyzing and assessing accountability：A conceptual framework. European Law Journal, 13 (4), 447-468.

[4] Boyne, G. A. , Brewer, G. A. , & Walker, R. M. (Eds) . (2010) . Public management performance：Research directions. Cambridge：Cambridge University Press.

[5] Campbell, J. L. (2004) . Institutional change and globalization. Princeton, NJ：Princeton University Press.

[6] Dixit, A. (2002) . Incentives and organizations in the public sector. Journal of Human Resources, 37, 696-727.

[7] Dull, M. (2006) . Why PART? The institutional politics of presidential budget reform. Journal of Public Administration Research and Theory, 16, 187-215.

[8] Hacker, J. S. (2004) . Privatizing risk without privatizing the welfare state：The hidden politics of social policy retrenchment in the United States. American Political Science Review, 98, 243-260.

[9] Heinrich, C. J. (2007) . False or fitting recognition? The use of high performance bonuses in motivating organizational achievements. Journal of Policy Analysis and Management, 26, 281-304.

[10] Heinrich, C. J. , & Marschke, G. (2010) . Incentives and their dynamics

in public sector performance management systems. Journal of Policy Analysis and Management, 29 (1), 183–208.

[11] Lindberg, S. I. (2013) . Mapping accountability: Core concept and subtypes. International Review of Administrative Science, 79, 202–226.

[12] Mahoney, J. , & Thelen, K. (2010) . A theory of gradual institutional change. In J. Mahoney & K. Thelen (Eds.), Explaining institutional change (pp. 1–37) . Cambridge: Cambridge University Press.

[13] Mizrahi, S. , & Minchuk, Y. (2015) . Accountability and performance management in nested principal–agent relations: Gaming and monitoring the system. A Paper Presented at the EGPA 2015 Conference, Toulouse, France.

[14] Mizrahi, S. , & Minchuk, Y. (2016) . Performance management in a decentralized setting: Monitoring and gaming in the financial services industry. Managerial and Decision Economics. doi: 10. 1002/mde. 2813.

[15] Moynihan, D. P. (2008) . The dynamics of performance management constructing information and reform. Washington, DC: Georgetown University Press.

[16] Mulgan, R. (2000) . "Accountability": An ever–expanding concept? Public Administration, 78 (3), 555–573.

[17] Pollitt, C. & Bouckaert, G. (2010) . Public management reform: A comparative perspective. Oxford: Oxford University Press.

[18] Saaty, T. L. (1990) . The analytic hierarchy process. Pittsburgh, PA: RWS Publications.

[19] Schedler, A. (1999) . Conceptualizing accountability. In A. Schedler, L. Diamond, & M. F. Plattner (Eds.), The self–restraining state: Power and accountability in new democracies. London: Lynne Rienner Publishers.

[20] Stiglitz, J. , Sen, A. , & Fitoussi, J. P. (2009) . The measurement of economic performance and social progress revisited. OFCE, Paris. www. stiglitz–senfitoussi. fr/documents/overview–eng. pdf.

［21］ Streeck，W.，& Thelen，K.（2005）．Beyond continuity：Institutional change in advanced political economies. Oxford：Oxford University Press.

［22］ Talbot，C.（2010）．Theories of performance：Organizational and service improvement in the public domain. Oxford：Oxford University Press.

［23］ Thompson，D. F.（2014）．Responsibility for failures of government：The problem of many hands. American Review of Public Administration，44（3），259-273.

［24］ Vibert，F.（2007）．The rise of the unelected. Cambridge：Cambridge University Press.

2 公共部门的绩效管理：现状

2.1 引言

本章回顾了有关公共部门绩效管理的丰富文献，以确定与此类机制相关的问题，并提出本书探讨的研究问题。本章将描述什么是绩效管理，以及它如何成为新公共管理（New Public Management，NPM）运动的一部分。之所以需要基于绩效的政策和管理，是因为传统公共部门存在的理由已不复存在。虽然从历史上看，大多数人认为公共领域所有参与者的动机都是为公共利益服务的，但随着时间的推移，人们发现不同的参与者有不同的动机和利益，也有不同的权力和信息来源（Horn，1995；Johnsen，2005；Wood，2010）。此观点逐渐演变为一种认识，即公共组织和管理者应该有明确的目标和绩效目标，将其转化为绩效指标，并辅之以一套激励机制，以激励自己实现目标和指标（Heinrich and Marschke，2010；Moynihan，2008；Pollitt and Bouckaert，2010）。这些是绩效管理体制的核心特征，本章将进一步进行讨论。

根据本章各节所提及的文献资料，可以看出大多数研究人员所采用的研究方法是归纳推理法，这一方法专注于对具体案例的研究，但将其结论泛化的可能性非常有限。更全面地分析需要比较不同案例，通常使用定性研究方法，以便从中可以归纳出泛化的结论（Pollitt and Bouckaert，2010）。然而，很少有研究使用演绎推理方法，尝试基于形式化理论模型得出通用的见解。本章的目标是弥补文献中的这一空白。此外，本章还描述了主导该领域的微观层面的方法。在随后的章节中，本书将展示绩效管理体制运行的复杂环境中所采用的宏观层面的方法，分析该方法是如何加深我们对问题及其可能解决方案的理解的（Arnaboldi et al.，2015）。

因此，文献综述将包括下列内容：

（1）描述该领域当前的研究成果和现状。

（2）确定限制得出泛化结论的方法论。

（3）帮助构建该领域的主要研究问题。

（4）提供丰富的实证背景环境，以例证本书中所提出的理论见解。

2.2 新公共管理运动与改革

作为公共部门改革运动一部分的新公共管理方法（Lane，2000），出现于20世纪八九十年代。该方法表明传统官僚组织机构的关键流程效率低下，政治上存在偏见并且管理不善，从而导致了公共服务供应效率低下并引起公民的不满。新公共管理方法提出通过采用管理（而不是行政）方法，并采纳私营部门制定的管理策略，来解决具有这些缺陷的大部分问题（Hood，1995；Osborne and Gaebler，1992）。新公共管理方法是公共管理体系中的一种方法，它利用在企业管理和其他学科中获得的知识和经验来提高现代官僚机构公共服务的效率、效能和总体绩效表现。这种方法清楚地表明了许多国家的信念发生了变化。在这些国家，私有制和管理比公有制和官僚控制更受青睐（Esping-Andersen，1990；Fox and Miller，1996；Giddens，1984；Hood，1991，1995）。因此，新公共管理方法将官僚视为管理者，将公民视为客户。新公共管理策略包括外包或服务私有化，采用以客户为导向的方法衡量绩效和效率，并将员工的激励结构从终身雇用转变为个人合同（Lane，2000；Weikart，2001）。所有这些变化都有望提高向公众提供的服务质量和效率。

Hood（1991）确定了新公共管理方法的七个理论组成部分。

（1）实践公共部门的专业管理。

（2）明确的绩效标准和衡量标准，后来被定义为绩效指标。

（3）更加重视输出控制。

（4）对单位进行拆分。

（5）转向更加激烈的竞争。

（6）强调私营部门的管理实践方式。

（7）强调更严格的纪律和资源的经济利用。

这一定义意味着新公共管理方法在很大程度上依赖于市场理论，以及在公共组织中创造一种商业化的文化来提高它们的效率、效能和总体绩效表现（Hays and Kearney，1997；Osborne and Gaebler，1992；Weikart，2001）。

新公共管理方法在 20 世纪 90 年代非常流行，但因其在处理医疗、教育、安全和福利等公共服务方面的不足而受到了一些重要学者的批评（Hood，1991）。还有人认为，新公共管理方法可能会恶化穷人的生活条件，扩大社会经济差距。然而，毫无疑问，新公共管理方法在许多国家仍然非常流行，并指导着重大的公共管理改革。此外，近几十年来，公民越来越意识到他们需要获得的服务质量，因此对公共组织施加了巨大的压力以提高其绩效（Lane，2000；Pollitt and Bouckaert，2000）。因此，公共组织经常被迫将公民视为客户，并采用新公共管理方法策略来提高公民的满意度。

因此，新公共管理研究的最新进展集中在民主政府和公共组织机构在与公民互动中的责任。然而，与此同时，他们对公民的积极作用和他们对社会义务的关注却少得多。因此，这些取向和实践尚未与健康民主的另一个核心结构相结合，即在机会均等、广泛参与更有效的公共生活管理的基础上，与公民建立真正的合作和伙伴关系。这种缺乏对民主价值的强调和重视，以及对响应式管理的偏爱超过了伙伴关系和合作的理念，可以说是当代新公共管理理论的一个缺陷。在本书的后面，我们将详细阐述公民在监控公职人员的问责制和真实报道方面所发挥的积极作用。公民可以通过利用绩效管理机制来做到这一点。

当今的学者们一致认为，在发达国家私营部门积累的智慧中，至少有一部分可以转移到公共部门。有些人甚至说，这种思想的输出可以促进官僚主义和民主的和解，为旧式的公共组织注入自由，鼓励民主制度提高效率。新公共管理方法被誉为将公共部门从其旧的保守形象和垂死的做法中解放出来的一种手段。实现这一目标的方法之一是在私营组织中实施具体的绩效指标，以创建一种基于绩效的文化，并辅之以与其相匹配的补偿策略。本书进一步阐述了这种方法，以便开发工具来提高新公共管理方法在现代公共管理和民主进程中的效力和效能。

2.3 绩效管理：核心特征

在过去的 20 年里，绩效管理作为新公共管理方法的主要组成部分，在公共行政文献中占据了重要地位（Bouckaert and Halligan, 2008；Talbot, 2010；Walker et al., 2010）。它提倡以绩效为导向的管理理念，包括仔细规划目标和绩效衡量标准，将它们纳入管理流程，并利用它们来提高行动和结果的责任制（Heinrich and Marschke, 2010；Moynihan, 2008；Stiglitz et al., 2009）。

此外，绩效管理已成为现代治理的主要特征。绩效管理机制的范围和影响如此广泛，以至于它们可能有助于解决治理诸如目标设定、问责制、控制、公民与政府的整合，以及公共部门、私营部门和非营利部门之间的关系等事项（Moynihan, 2008）。事实上，绩效衡量标准是大多数经济和管理互动的重要组成部分，这一点已经从它们在管理、会计，以及近几十年来公共组织及政治和社会制度等领域的使用中得到了证明（Gormley and Weimer, 1999；Holzer and Yang, 2004；

Moynihan，2008；Rothstein，2008；Stiglitz et al. ，2009）。

许多研究还探索了这种机制可能会出现的功能失调，突出强调了对目标、措施和数据进行歪曲和博弈的危险性（Bevan and Hood，2006；Boyne and Chen，2006；Heinrich and Marschke，2010；Hvidman and Andersen，2013；Kelman and Friedman，2009；Moynihan，2008）。然而，这些研究往往只侧重于对具体绩效管理机制的实证和探索，而且大多数研究调查的是英国和美国的地方政府、教育和医疗保健机制。因此，该领域的理论原理是通过归纳方法得出的，对其进行泛化的可能性会受到限制。第3章使用演绎推理方法开发了一个形式化模型，该模型有助于识别绩效管理体制中所存在的核心问题和缺陷。

绩效管理体制是管理手段和工具，决策者或管理人员通过这些管理手段和工具为组织设定目标和绩效指标，确定与基准相关的预期标准，并应用这些管理手段和工具来激励管理人员和员工达到预期标准（Andrews，2014；Boyne，2010；Hood et al. ，2001）。公共部门可以采用私营部门在实践基础上得出的做法，并根据实际需要对其进行调整，或自行创建新的做法（Talbot，2010）。正如第五章所描述的那样，绩效管理与战略管理的概念密切相关（Arnaboldi et al. ，2015）

这些管理过程中的主要概念之一是委托代理框架。经济学和管理学文献广泛使用这个框架来分析管理者和员工之间的关系，解决管理问题。委托代理框架主张委托人只拥有一些代理人的不完整信息，而代理人拥有委托人所有私有信息，这种信息的不对称性可能会导致不完美、次优的合同契约（Holmstrom，1979；Shavell，1979）。当委托人试图根据绩效衡量标准来制定激励措施以改进合同时，代理人仍然可以使用所掌握的信息来操纵这些数据和衡量标准，以实现其自身利益。因此，委托人在设计最优合同时面临着复杂的问题。在新公共管理方法和绩效管理文献中，研究人员以极大的热情采纳了委托代理框架（Heinrich and Marschke，2010）。本书详细参考了这个框架，并解释了它在绩效管理研究和实践中的优缺点。

公共部门与私营部门的绩效管理应用在以下几个方面有所不同：

- 公共部门的管理者通常面临与私营部门不同的挑战和困境。

- 与政府和公共组织相比，私营组织通常规模较小，责任较少，参与的活动也较少（Meier and O'Toole, 2011; Miller, 2005; Wood, 2010）。

- 可以更加灵活地设计和执行明确的合同，包括旨在激励员工的条款。

- 管理自主权比公共部门更大，劳动力的流动性和灵活性也比公共部门要高。

因此，在私营组织专注于绩效工资机制时，公共组织则努力应对采用全面绩效管理体制的需求，包括评估员工绩效的方法、设立专门的部门来规划和实施绩效管理计划、引入结构性改革以支持绩效管理，尤其是针对收集和使用绩效数据的政策上的障碍（Behn, 2003; Dixit, 2002; Heinrich, 2007; Moynihan, 2008）。在实践中，绩效管理机制运作的复杂环境意味着此类机制可能对组织绩效具有各种间接影响。

Moynihan（2008）在"绩效信息使用交互式对话模型"背景下详细介绍了绩效管理体制的广泛观点，该模型将使用绩效信息视为一种社会互动形式。他断言，从公共组织或政府的角度来看，绩效管理可能在两个方面发挥作用：第一，它会增加政府成果的问责制和透明度；第二，民选官员和公共管理人员可能会意识到"象征性利益"，即给人一种"政府正在以理性、高效和结果导向的方式运作"的印象（Moynihan, 2008）。第二个观点是一个工具性观点，会影响公共管理者使用绩效信息的方式，这样不一定符合有效的绩效管理。该分析强调的是管理者在规划和实施绩效管理时可能有不同的目标（Behn, 2003）。Moynihan 随后主张在公共组织内部建立对话机制，以促进基于绩效信息的学习和战略规划。

第 4 章将对上述观点进行深化讨论，提出绩效管理体制对内部协调、资源的动员和分配、管理流程及领导力会产生直接影响，同时在透明度和道德行为方面提高制度质量。由此可见，绩效管理体制可能仅对公共部门组织的绩效产生间接影响，但显然不会有直接影响。第 4 章将检验是否确实如此，这意味着在规划和衡量绩效管理体制的效能时，应该考虑各种变量之间复杂的相互作用。

2.4 绩效管理体制及改革

公共行政文献倾向于关注与绩效管理相关的具体方面，特别是绩效衡量、激励措施、绩效信息的使用及制度失灵。它很少涉及绩效管理体制及其概念基础的设计。这一观点在一般管理文献中也比较少见。

鉴于这一缺陷，Broadbent 和 Laughlin（2009）设计了一个概念模型来理解绩效管理体制。他们借鉴了 Otley（1987，1999）、Ferreira 和 Otley（2005，2009）之前的研究成果，泛化了绩效管理体制的结构和组成部分。例如，Ferreira 和 Otley（2005，2009）提出了任何组织都必须回答与绩效管理体制的设计和性质相关的八个问题，以及与该体制运行的基本文化和环境相关的四个问题。在很大程度上，这些问题类似于设计塑造全面战略管理模型的问题。

Broadbent 和 Laughlin（2009）设计了一个概念模型来区分事务型和关系型的绩效管理体制。这两种类型的体制基于两种不同的理性模型——工具理性模型和交际理性模型。工具理性模型在本质上更加形式化，因此显得更加客观。相比之下，交际理性模型强调话语、契约和调和，以及利益相关者的参与。交际理性模型建立在实质性和实用性基础之上，提升了商定目标的措施和手段，并允许各种各样的想法。相比之下，工具理性模型基于形式理性，在形式理性的基础上设定衡量标准，然后再从这些衡量标准中推导出隐含的价值。理论理性的使用导致对实现这些目标的首选手段的选择。由于这些差异，那些参与组织活动的人更可能接受通过交际理性模型设计的绩效管理体制，而不是通过工具理性模型设计的绩效管理体制，因为他们参与了交际理性模型的绩效管理体制的设计和实施过程。

这种理性类型之间的区别也导致了关系型绩效管理体制和事务型绩效管理体制之间的区别。后者源于工具理性，这意味着它非常明确地规定了通过绩效衡量标准和目标所要达到的目的，并清楚地表明如何实现这些目标。因此，事务型绩效管理体制通常被组织定为项目的形式，其需求与规定时间段的合同相关联。相比之下，关系型绩效管理体制植根于关系理性，这意味着其目的和手段是通过利益相关者之间的交流来确定并由他们选择的。这方面的关键因素是特定目标的选择范围、所有权程度，以及实现这些目标的具体手段。重点可能是利益相关者所在的组织或单位的长期生存和可持续性。

事实上，在公共部门，这两种绩效管理体制都存在。然而，广泛改革后在本质上更具关联性。第 5 章开发了一个框架来设计符合这一概念的绩效管理体制。第 6 章将重点放在实施阶段，正如现在讨论的那样，这一阶段的许多改革将改变最初的方向。

绩效管理机制通常通过改革过程纳入公共组织，其中包括对规则或运营规范的更改（Bouckaert and Halligan，2008；Pollitt and Bouckaert，2010）。Barzelay 和 Gallego（2006）提出通过关注高度可见的、离散的公共管理政策选择来解释公共管理政策的制定。这些离散选择将公共管理政策的制定从一种局部均衡状态转换到另一个局部均衡状态。例如，在美国，克林顿政府通过立法引入了《政府绩效和结果法案》（*Government Performance and Results Act*）。在新西兰，影响深远的公共部门改革是通过立法制度化（Behn，2001）实现的。相比之下，在 1998 年的英国，布莱尔政府只是引入了 300 多个适用于所有政府部门并与商定的预算分配挂钩的主要绩效目标（Hood，2006）。在 20 世纪 90 年代的美国和英国，当时系统的低效率和相对较弱的反对力量为重大的绩效管理改革创造了条件（Dull，2006；Hood，2006；Moynihan，2008；Rudalevige，2002）。

绩效管理改革的结构设置通常包括强大的内部否决权，以及在引入新机制和取代旧机制时在解释或执行方面的高度自由裁量权。第 6 章建议通过运用新制度主义框架对绩效管理改革进行分析，以实现对这些过程的深刻理解（Mizrahi，2013）。

2.5　基于绩效的决策、问责制和监控

民主制度一直面临着应对各种要求的挑战，其中之一就是对权力中心的有效控制。在过去的 20 年中，有关公共问责制的讨论探讨了这一挑战（Bovens，2007；Lindberg，2013；Schedler，1999）。问责制要求公共管理人员和政客系统地向彼此和公众报告他们的行动，并对这些行动的结果负责（Mulgan，2000；Schedler，1999；Vibert，2007）。文献表明，许多民主国家很难在公共领域实施和实现问责制（Lindberg，2013；Thompson，2014）。本章认为，实现问责制的核心问题是民主制度的复杂结构，以及它强加给政客、官僚、监管者和公众的嵌套关系。通过使用绩效管理方法，本章对问责制、报告和责任制的机制和问题进行了分析。

近几十年来，绩效管理方法已成为公共组织微观管理的主要方法，并在宏观决策层面发挥了突出作用。许多政府采用了战略规划、绩效衡量和基于绩效的政策制定理念。例如，基于绩效的预算编制（Bouckaert and Halligan，2008；Holzer et al.，2016；OECD，2015；Pollitt and Bouckaert，2010；Stiglitz et al.，2009）。

微观和宏观层面之间的差异在公共部门使用的三类绩效指标中得到了最好的体现，这三类指标就是通常用于衡量国家层面的系统性指标、组织指标和项目绩效指标。系统性指标提供有关国家体制的表现和绩效信息，如反映教育［国际学生评估项目（Programe for International Student Assessment，PISA）、国际数学和科学趋势的研究报告（Trends in International Mathematics and Science Studies，TIMSS）］，医疗保健体制状况的衡量，反映经济状况的经济评估（国内生产总值和用于衡量经济不平等程度的基尼系数），以及行政管理和政治体制在腐败程度、民主力量和集权程度方面的状况测评。这些指标通常由国际组织监测并允许在国际上进行比较（Jones and Potrafke，2014）。组织指标反映了一个特定组织相对于特定目标和指标的运作情况，通常用效率和效能来衡量（Moynihan，2008）。

组织指标可能来自组织本身，也可能来自中央监控机构，与私营部门的绩效指标平行。项目绩效指标反映特定公共规划的效能和效率，通常用于福利、医疗保健、教育、就业和住房领域。在这里，评估也可以由机构本身或专业的评估机构进行。这些类型中的每个指标都受到政策领域不同参与者的影响，同时每个指标也会对其他方面造成影响。例如，公民最有可能相信系统性指标直接影响他们的成本和收益，而公共管理者对组织指标更敏感。

事实上，绩效管理体制的复杂性需要在微观和宏观层面进行区分。Arnaboldi等（2015）建议密切关注复杂性理论及其对绩效管理体制研究的贡献和启示。第5章开发了一个综合框架，用于使用战略管理方法在组织层面设计绩效管理机制。但是，决策的宏观层面是一个有各种参与者参与的决策环境。

为了解释这种复杂的环境，我们参考了前面提到的委托代理框架。通过使用这个框架来分析政治体制、公共部门和公众之间的相互作用，政治经济学文献有三个重要的发现（Heinrich and Marschke, 2010; Horn, 1995; Wood, 2010），如图 2.1 所示，这些发现表明公共领域存在层级嵌套的委托代理关系。

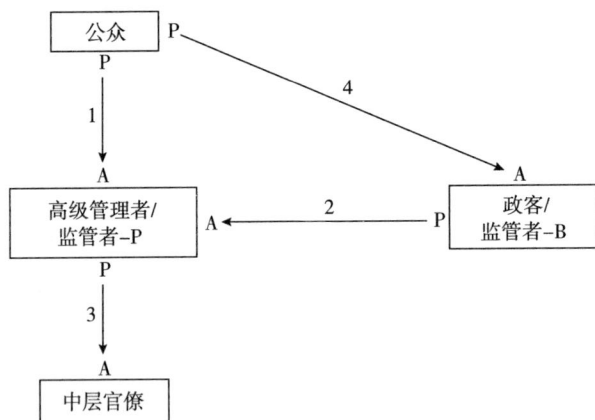

图 2.1　公共部门的委托代理关系

注：P 表示委托人；A 表示代理人；监管者-P 表示主要认同政客目标的监管者；监管者-B 表示主要认同官僚目标的监管者。

高级公共管理者与公众之间的互动可以理解为类似于拥有隐私信息的代理人（公共管理者）和授权委托人（公众）之间的关系（Downs and Rocke，1994；Vibert，2007）。由于所拥有的专业知识而被任命的高级管理人员，通常负责代理机构活动的执行和成果收集（Miller，2005）。他们通过各种绩效指标进行报告，其目标受众也是公众（Bouckaert and Van de Walle，2003；Jones and Potrafke，2014）。

鉴于高级公共管理者也拥有将权力下放给他们政客的隐私信息，可以将高级公共管理者即高级官僚视为代理人，而将政客视为委托人（Bendor，1990；Hammond and Knott，1996；Miller，2005）。政客们需要合作来推进他们的议程，而官僚们则拥有关于他们的组织和项目成本的隐私信息。政客们可能会使用各种方法来控制官僚并引导他们实现自己的目标，但不是政治任命者的高级官僚可能会为了自身的利益而故意歪曲和操纵报告数据和标准，从而使政治控制失效（Heinrich and Marschke，2010；Hood and Lodge，2006；Miller，2005）。因此，高级管理者在公众和政客们之间同时扮演代理人的角色，而政客则扮演委托人的角色（图2.1中分别为箭头1和箭头2）。

如图2.1中的箭头3所示，鉴于高级公共管理者（即高级官僚）下属的中层官僚拥有监督管理高级公共管理者的隐私信息，可以将公共组织中的高级官僚视为委托人，而将其下属官僚视为代理人（Hammond and Knott，1996；Hood and Lodge，2006；Miller，2005）。此外，管理监管组织（监管者）中的高级管理人员可能会认同政客的目标或官僚机构的目标。因此，将他们视为政客或者高级管理人员取决于他们自己的身份（分别为监管者-P和监管者-B）。

在民主制度中，公众在与拥有其私密信息的政客互动中也扮演着委托人的角色（Miller，2005）（图2.1中的箭头4）。James和John（2006）在地方政府层面对这些互动关系进行了研究。Hood和Dixon（2010）利用21世纪初期英国健康和教育绩效目标的数据，调查了绩效目标体系的应用是否会奖励政客。他们对政策或意识形态利益、象征性利益和直接选举利益进行识别，几乎没有发现直接选举利益或象征性利益的明确证据。下文中，将会展示模型如何帮助解释这些发现。

Boyne 等（2010）提供了一个很好的有关层级嵌套委托代理关系的例子。他们假设公共服务绩效会影响高级管理人员的流动更换，并使用了一组 148 个英国地方政府四年的数据来检验这一假设。他们认为，政客们向高级管理人员施压以改善成效，因为政客们需要得到选民的认可。根据新公共管理改革方法，高级管理人员应对绩效负责，同时也对结果负责，当结果令人不满意时，可能采取辞职或解雇的形式（Hood，1991；Pollitt and Bouckaert，2010）。事实上，民选高管可能会通过加强监督和微观管理使高级管理人员自愿离开。Boyne 等（2010）认为，业绩不佳会增加流动率，但这种影响对首席执行官的影响要弱于对高级管理团队成员的影响。他们得出的结论是，首席执行官可以通过将组织绩效不佳的责任归咎于其他高级管理人员来影响高级管理人员的离职更换。这种逻辑可以在整个组织层次结构中向下应用，这意味着高级管理人员和中层官僚之间存在委托代理关系。

因此，所有这些场景中的委托人都可以使用各种激励计划，包括绩效衡量标准，以激励他们的代理人，使其更加努力。然而，公众和政客们都是集体参与者，他们面临集体行动、利益冲突及缺乏特定身份和利益等问题。所有这些情况都容易受到通过主动博弈策略故意操纵衡量指标和数据的影响，从而挑战问责机制的效能。此外，一个参与者有可能在一次交互中是委托人，而在另一次交互中是代理人，这一事实使控制问题复杂化。

应该强调的是，所有参与者都牵扯于其他的关系中。例如，政客们深入参与党派活动，并且与私营部门和利益集团有关。公共管理人员与私营部门和特殊利益集团打交道，所有参与者都与第三方部门互动。此外，分权原则及政治管理体制结构可能会在每个集体参与者之间产生委托代理问题。例如，在民主制度中，政客们与政党有着密切的关系。此外，中央政府与地区或地方政府之间的分工和相互依存，形成了中央政客与地方官员之间的委托代理关系。立法机关、行政管理机关和司法机关之间的三权分立也可能产生潜在的委托代理问题。

公共领域参与者之间这种复杂交织的关系对绩效管理和公共政策的研究具有

多种影响。第一，正如第3章详细阐述的那样，它增加了造成绩效管理机制扭曲失真和效率低下的可能性。第二，它可能会影响绩效管理对公共部门绩效的影响，因为这些互动和参与者的利益可能会发生冲突（Gerrish，2016；Hvidman and Andersen，2013；Rosenfeld et al.，2005）。第4章我们探讨了国家政府采用的绩效管理实践是否，以及如何与其旨在实现的具体结果关联，特别是在改善提高政府效能和绩效方面。第三，公共领域的层级嵌套关系和各种利益明显影响旨在建立绩效管理机制和基于绩效的政策的决策过程。第6章使用新制度主义方法来解释这些问题，并分析克服这些障碍的可能性方法。这方面的一个核心观点是，将高级公共管理人员视为领导组织文化改革的制度企业家。

2.6　基于绩效的微观管理

绩效管理机制创建了内部规章制度，旨在鼓励组织机构的员工在工作中投入更多的精力，从而提高组织的绩效（Heinrich and Marschke，2010）。组织行为理论表明，绩效管理体制可以通过外在奖励鼓励员工努力工作，如委托代理框架，通过组织支持计划、培训及鼓励而激发的内在动力（Christen et al.，2006；Deci et al.，1999；Heinrich and Marschke，2010；Rhoades and Eisenberger，2002）。公共部门文献在这个问题上也存在分歧，有的研究侧重于物质激励和奖励机制（Heinrich，2007），有的则强调组织文化、象征性利益和学习（Moynihan，2008）。

然而，另一种方法是，绩效管理机制可能会影响员工对组织中的日常工作的看法。例如，绩效管理机制的引入可能会给员工留下这样的印象，即各单位和管理流程之间的协调得到了改善，从而使他们相信组织绩效也得到了改善。然而，他们可能将这种组织绩效的提高归因于对日常工作和流程的改善，而不一定归因于他们的努力。

文献中占主导地位的方法表明，绩效管理机制鼓励员工在工作中投入更多精力，提高他们对工作环境的满意度和信任度，从而提高组织绩效（Chen et al.，2009；Mayer and Davis，1999；Rhoades and Eisenberger，2002）。但是，如果员工将绩效管理机制的引入以及组织内各单位和管理程序之间协调性的提高与组织绩效联系起来，他们可能会认为组织的绩效非常好，因此他们可以保持甚至减少他们自己在工作上所付出的努力。根据这一基本原理，组织改进实际上可能对组织有害，因为他们可能会阻止员工在工作中投入更多精力（Mayer and Davis，1999）。

公共行政管理研究包括各种各样的关于绩效管理和激励机制的研究（Heinrich and Marschke，2010）。总的来说，我们可以区分两种主要方法：一种方法侧重于按绩效计酬的基本逻辑；另一种方法强调社会互动、结构因素、政治动态及象征性方面。第一种方法在文献中占主导地位，因为它遵循私营部门趋势，并提供可以量化衡量的变量，而第二种方法本质上更复杂，通常基于定性研究方法。

将绩效工资作为激励员工在工作中投入更多精力的工具，这种思想可以追溯到功利主义哲学。然而，跨学科绩效管理文献中最常用的模型是委托代理模型及其众多变体（Baker，1992；Holmstrom and Milgrom，1991）。Heinrich 和 Marschke（2010）对与委托代理模型相关的文献和阐述进行了综合回顾。他们的评论强调了按绩效计酬和同类激励机制的主要优缺点。尽管如此，核心思想仍然是，激励是鼓励员工在工作中投入精力的主要工具，从而提高组织绩效（Heinrich and Marschke，2010）。简单的方法是外部绩效工资机制，根据员工的绩效和表现进行奖励或制裁。管理者通常使用物质奖励，但也有组织支持机制（Christen et al.，2006；Deci et al.，1999；Heinrich and Marschke，2010）。

动机理论家强调内在动因和自主激励在影响个人行为和绩效方面的重要性，他们认为当代理人受到内在动因的驱动时，外在奖励实际上有可能是有害的（Deci et al.，1999，2001）。这些发现可能会得到管理理论的进一步支持，该理论假设一些员工主要将他们的利益和目标与组织的利益和目标保持一致（Van Slyke，2007）。实证研究表明，一些公职人员出于为公众服务的道德观而受到激励，这意味着他们主要致力于集体利益（Houston，2006；Rainey，1983）。对于这种类型的员工，无形奖励会比物质奖励更有效。由此得出结论，积极反馈和员工授权形式的无形奖励会鼓励员工在工作中投入更多精力。因此，本章预测包含这些内容的绩效管理体制将与努力地投入正相关，最终提高组织绩效。

影响员工在工作中投入更多精力的间接方法取决于他们对组织的态度。心理学家提出了感知组织支持的概念，它表达的是员工的普遍信念，即他们相信组织重视他们的贡献并关心他们的福祉（Eisenberger et al.，1986）。Rhoades 和 Eisenberger（2002）通过元分析得出了结果，他们发现感知组织支持和绩效之间存在强大的、具有统计意义的关联，但结论是所回顾的研究方法不允许就关联方向得出任何结论。Chen 等（2009）发现感知到的组织支持会导致员工在其本身工作以外的角色中有额外表现。

从更广泛的组织角度来看，我们可以将感知组织支持的概念泛化为员工对其组织或主管的信任，以及员工对其工作环境各个方面的满意度。这里给出一个被普遍接受的信任的定义：当个体 x 相信个体 y 关于 x 未来利益和福祉的良好意愿时，则个体 x 信任个体 y（Farrell，2009；Hardin，2006；Mayer et al.，1995）。当员工信任他们的主管和组织时，他们愿意承担风险并在工作中投入更多精力，从而为组织绩效做出贡献（Mayer and Davis，1999）。如上所述，在感知组织支持的背景环境下，提高员工对其组织信任的主要途径是绩效管理机制。Mayer 和 Davis（1999）证明员工对绩效评估体制的看法与信任有关。因此，绩效管理有可能增加员工对其主管和组织的信任，从而使员工在工作中更加努力，并使他们更加相信组织的绩效得到了改善。

将绩效管理与组织绩效联系起来的另一条间接途径是用满意度取代信任。与前面描述的基本原理一致，满意的员工会在工作上投入更多的精力，从而为组织的绩效作出贡献。Christen 等（2006）表明绩效管理机制可能与员工对工作的满意度有关。事实上，一个全面的绩效管理体制试图提供组织支持，这有助于提高员工对其工作环境的满意度（Moynihan，2008）。第 5 章通过利用这些基本原理，采用战略管理和运营研究方法设计绩效管理机制。此外，第 4 章将这些原理应用于宏观层面，其中公民和国家政府分别扮演着雇员和管理者的角色。

2.7 绩效管理制度的核心病症：博弈和歪曲

文献通常提到绩效管理体制中的两种故意歪曲：努力替代和博弈。多任务处理文献表明，为了提高某个领域的绩效，管理者可能会以牺牲组织活动其他领域的（重要）任务为代价，以便将更多精力投入特定任务（Baker et al.，1994；Holmstrom and Milgrom，1991）。结果导致服务的数量可能会增加，但质量并不一定会提高，因为这种做法可能会造成对未衡量的重要领域的忽略（Heinrich and Marschke，2010；Kelman and Friedman，2009；Radin，2006）。

博弈行为包括那些消耗实际资源，但即使在测量区域内也不会产生绩效改善的活动，因此具有很高的成本（Baker，1992；Kelman and Friedman，2009）。Bevan 和 Hood（2006）提出术语"博弈行为"中包含了努力替代和博弈，在本书中我们采用了他们的方法。在分析布莱尔工党政府 1998 年在英国引入的目标方法时，Hood（2006）确定了三种类型的博弈策略。第一种策略称为棘轮效应，即在某一给定年份将目标设定为远低于这一年的生产能力的边界，以确保未来几年的改善前景。第二种策略称为门槛效应，在这种情况下，统一的产出目标不会激励人们追求卓越。第三种策略包括输出歪曲的报告或对报告结果进行操纵。

然而，虽然有许多研究都在关注博弈行为，但却很少有人提出减少此类行为的方法（Andrews，2014）。Hood（2006）提出了两种主要方法，即在目标描述和绩效衡量标准中引入更多的不确定性，以及通过第三方或内部法规加强对衡量机制的审计和监控。

本章还提到了一些出乎意料的研究，这些研究很少或没有发现博弈行为的证据。Kelman 和 Friedman（2009）调查研究了在英国国家卫生服务体系中设立的一个绩效目标（即没有患者在医院急诊室等待治疗超过 4 小时）是否会产生功能失调后果，他们发现 2003~2006 年患者的等待时间指标得到显著改善，并且没有证据表明受到了之前讨论过的任何功能失调的影响。他们对这一结果提出了一些可能性的解释：互补因素可能消除了努力替代的负面影响；其他单位部门的反对可能对博弈行为形成了自我限制；管理行为，包括增加措施来抵消努力替代，采取措施来反映对博弈反应的组织学习，并在员工中培养公共部门的劳动热情。然而，虽然这些方法在组织层面特别相关，但在宏观层面的管理绩效中，它们可能不那么有效。此外，在组织层面，某些战略之间可能相互矛盾，如增加更多的目标和措施可能会减少努力替代，但会鼓励其他形式的博弈（Boyne and Chen，2006）。

在绩效管理体制的博弈行为和效能方面，经验性证据也呈现出不同的结果。例如，Figlio 和 Ladd（2008）对文献进行的全面总结表明：将大部分内容集中于发布学校排名的做法会诱导学校做出博弈回应。另一个潜在的问题是，此类排名的发布通过间接告知家长哪些学校拥有更多优势学生而鼓励社群隔离和挑肥拣瘦的刮脂行为。另外，还存在社会经济分类的可能性，因为那些来自较高社会经济背景的父母最有能力通过住房市场行使选择权，从而被最好的学校所吸引（Hoyle and Robinson，2003）。Gaynor 等（2010）、Lockwood 和 Porcelli（2013）的研究也表明，在医疗保健和地方政府等政策领域，竞争可以提高产出绩效，但不能节约成本。另外，也有一些例子表明，市场竞争或基准竞争的应用可能是有效的，并且可以节省成本（Andrews，2010；Burgess et al.，2010）。

第3章描述了本书创建的一个理论模型，该模型将提供关于博弈原因的一般见解，以及尽量减少博弈的可能方法。

2.8　总结

本章解释了绩效管理的核心特征，以及它如何成为新公共管理运动的一部分。本章解释了绩效管理在宏观和微观层面的广泛应用，以及这一机制的优缺点。本章还构建了一个公共领域嵌套关系的委托代理框架，作为后续章节进一步探索的基础。

本章解释了为什么这个框架对绩效管理方法如此重要，以及它如何有助于解释这些机制中所存在的扭曲和低效。本章随后讨论了与公共组织如何管理绩效、管理体制中存在的核心问题相关的文献。Moynihan（2008）认为绩效管理可以增加政府表现结果的问责性和透明度，民选官员和公共管理者可达成一个"象征性的利益"，即创造一个政府表现良好的印象。他主张在公共机构内部建立日常对话机制，以绩效信息为基础，促进学习和战略规划。

本章还区分了宏观层面的治理和政策制定及微观层面的组织管理。在宏观层面上，本章解释了公共领域中政客、公职人员和公民之间的层级嵌套关系，以及这些关系如何加剧绩效管理体制中的冲突、扭曲和效率低下。在微观层面上，绩效工资机制是激励员工为工作付出努力的主要方法。不过本章还提出了其他激励员工的方法，特别是通过组织支持。

2.9　从业者要点

科学文献包含了大量关于公共领域绩效管理体制各个方面的知识。然而，很明显，通过此类体制所积累的绩效信息很少在决策过程及公共组织内部的管理决策实践中使用。因此，绩效管理体制往往无法实现提高组织绩效和政府效能的目标。本章的回顾有以下几个实用意义：

第一，尽管绩效管理没有被有效地用于实现其目的，但它已变得非常流行，这意味着在许多情况下，公共官员和政客实施此类体制只是采用私营部门管理做法的流行趋势的一部分。在每种具体情况下，必须审视这些体制对于提高组织绩效是否真的必要，并确定他们应该努力实现的具体目标。

第二，在规划公共组织的绩效管理体制时，从业者必须考虑公共组织所运作的民主制度的复杂环境。这些复杂性需要政治和社会意识及灵活的规划。这通常意味着为了实现长期目标而做出的短期妥协。

第三，绩效管理体制特别是其指标衡量，容易受到扭曲和博弈的影响。由于存在前面所提到的复杂性，这个问题在公共领域更加严重。那些正在考虑实施此类体制的人应考虑这些潜在问题，包括克服这些问题的解决方案。我们将在本书的后面章节中进一步讨论这个问题。

第四，绩效管理体制的一个主要功能是鼓励组织学习和组织文化的改变，从而促进问责制和公共责任制。这些变化可能会改善管理流程，从而指导绩效管理实践。

参考文献

［1］Andrews，R. (2010) . New Public Management and the search for efficiency. In T. Christensen & P. Laegrid（Eds.），Ashgate research companion to the New Public Management. Aldershot：Ashgate Press.

［2］Andrews，R. (2014) . Performance management and public service improvement. Public Policy Institute for Wales，PPIW Report No. 3.

［3］Arnaboldi，M.，Lapsley，I.，& Steccolini，I.（2015）. Performance management in the public sector：The ultimate challenge. Financial Accountability & Management，31（1），1-22.

［4］Baker，G. P.（1992）. Incentive contracts and performance measurement. Journal of Political Economy，100，598-614.

［5］Baker，G. P.，Gibbons，R.，& Murphy，K. J.（1994）. Subjective performance measures in optimal incentive contracts. The Quarterly Journal of Economics，109，1125-1156.

[6] Barzelay, M., & Gallego, R. (2006). From "New Institutionalism" to "Institutional Processualism": Advancing knowledge about public management policy change. Governance, 19, 531–557.

[7] Behn, R. D. (2001). Rethinking democratic accountability. Washington, DC: Brookings Institution.

[8] Behn, R. D. (2003). Why measure performance? Different purposes require different measures. Public Administration Review, 63, 586–606.

[9] Bendor, J. B. (1990). Formal models of bureaucracy: A review. In N. B. Lynn & A. Wildavsky (Eds.), Public administration: The state of the discipline. Chatham, NJ: Chatham House.

[10] Bevan, G., & Hood, C. (2006). What's measured is what matters: Targets and gaming in the English health care system. Public Administration, 84, 517–538.

[11] Bouckaert, G., & Halligan, J. (2008). Managing performance: International comparisons. New York: Routledge.

[12] Bouckaert, G., & Van de Walle, S. (2003). Comparing measures of citizen trust and user satisfaction as indicators of "good governance": Difficulties in linking trust and satisfaction indicators. International Review of Administrative Sciences, 69, 329–343.

[13] Bovens, M. (2007). Analyzing and assessing accountability: A conceptual framework. European Law Journal, 13 (4), 447–468.

[14] Boyne, G. A. (2010). Performance management: Does it work? In R. M. Walker, G. A. Boyne, & G. A. Brewer (Eds.), Public management performance: Research directions. Cambridge: Cambridge University Press.

[15] Boyne, G. A., & Chen, A. (2006). Performance targets and public service improvement. Journal of Public Administration Research and Theory, 17 (3), 455–477.

［16］Boyne, G. A., James, O., John, P., & Petrovsky, N. (2010). Does public service performance affect top management turnover? Journal of Public Administration Research and Theory, 20, i261–i279.

［17］Broadbent, J., & Laughlin, R. (2009). Performance management systems: A conceptual model. Management Accounting Research, 20, 283–295.

［18］Burgess, S., Wilson, D., & Worth, J. (2010). A natural experiment in school accountability: The impact of school performance information on pupil progress and sorting. Centre for Markets and Public Organization. Bristol: Bristol University.

［19］Chen, Z., Eisenberger, R., Johnson, K. M., Sucharski, I. L., & Aselage, J. (2009). Perceived organizational support and extra – role performance: Which leads to which? The Journal of Social Psychology, 149 (1), 119–124.

［20］Christen, M., Iyer, G., & Soberman, D. (2006). Job satisfaction, job performance and effort: A reexamination using agency theory. Journal of Marketing, 70 (1), 137–150.

［21］Deci, E. L., Koestner, R., & Ryan, R. M. (1999). A meta – analytic review of experiments examining the effects of extrinsic rewards on intrinsic motivation. Psychological Bulletin, 125, 627–668.

［22］Deci, E. L., Koestner, R., & Ryan, R. M. (2001). Extrinsic rewards and intrinsic motivation in education: Reconsidered once again. Review of Educational Research, 71, 1–27.

［23］Dixit, A. (2002). Incentives and organizations in the public sector. Journal of Human Resources, 37, 696–727.

［24］Downs, G. W., & Rocke, D. M. (1994). Conflict, agency, and gambling for resurrection: The principal – agent problem goes to war. American Journal of Political Science, 38, 362–380.

［25］Dull, M. (2006). Why PART? The institutional politics of presidential budget reform. Journal of Public Administration Research and Theory, 16, 187–215.

［26］Eisenberger, R. , Huntington, R. , Hutchinson, S. , & Sowa, D. (1986) . Perceived organizational support. Journal of Applied Psychology, 71 (5) , 500-507.

［27］Esping - Andersen, G. (1990) . The three worlds of welfare capitalism. Princeton: Princeton University Press.

［28］Farrell, H. (2009) . The political economy of trust: Institutions, interests, and interfirm cooperation in Italy and Germany. Cambridge, MA: Cambridge University Press.

［29］Ferreira, A. , & Otley, D. (2005) . The design and use of management control systems: An extended framework for analysis, AAA Management Accounting Section 2006 Meeting Paper. Available at SSRN: http: //ssrn. com/abstract = 682984.

［30］Ferreira, A. , & Otley, D. (2009) . The design and use of performance management systems: An extended framework for analysis. Management Accounting Research, 20, 263-282.

［31］Figlio, D. , & Ladd, H. (2008) . School accountability and student achievement. In H. Ladd & E. Fiske (Eds.), Handbook of research in education finance and policy. London: Routledge.

［32］Fox, C. J. , & Miller, H. T. (1996) . Postmodern public administration: Toward discourse. London: Sage.

［33］Gaynor, M. , Moreno - Serra, R. , & Propper, C. (2010) . Death by market power: Reform, competition and patient outcomes in the National Health Service. National Bureau of Economic Research Working Paper 16164.

［34］Gerrish, E. (2016) . The impact of performance management on performance in public organizations: A meta - analysis. Public Administration Review, 76 (1) , 48-66.

［35］Giddens, A. (1984) . The constitution of society: Introduction of the theory of structuration. Berkeley: University of California Press.

［36］Gormley, W. T. , & Weimer, D. (1999) . Organizational report cards. Cambridge, MA: Harvard University Press.

［37］Hammond, T. H. , & Knott, J. H. (1996) . Who controls the bureaucracy? Journal of Law Economics and Organizations, 12, 119-166.

［38］Hardin, R. (2006) . Trust. Cambridge: Polity Press.

［39］Hays, S. W. , & Kearney, R. C. (1997) . Riding the crest of a wave: The national performance review and public management reform. International Journal of Public Administration, 20 (1), 11-40.

［40］Heinrich, C. J. (2007) . False or fitting recognition? The use of high performance bonuses in motivating organizational achievements. Journal of Policy Analysis and Management, 26, 281-304.

［41］Heinrich, C. J. , & Marschke, G. (2010) . Incentives and their dynamics in public sector performance management systems. Journal of Policy Analysis and Management, 29 (1), 183-208.

［42］Holmstrom, B. (1979) . Moral hazard and observability. Bell Journal of Economics, 10, 74-91.

［43］Holmstrom, B. , & Milgrom, P. (1991) . Multitask principal-agent analyses: Incentive contracts, asset ownership, and job design. Journal of Law, Economics, and Organization, 7, 24-52.

［44］Holzer, M. , & Yang, K. (2004) . Performance measurement and improvement: An assessment of the state of art. International Review of Administrative Sciences, 70, 15-31.

［45］Holzer, M. , Mullins, L. B. , Ferreira, M. , & Hoontis, P. (2016) . Implementing performance budgeting at the state level: Lessons learned from New Jersey. International Journal of Public Administration, 39 (2), 95-106.

［46］Hood, C. (1991) . A public management for all seasons? Public Administration, 69, 3-19.

[47] Hood, C. (1995). Contemporary public management: A new global paradigm? Public Policy and Administration, 10, 104-117.

[48] Hood, C. (2006). Gaming in target world: The targets approach to managing British public services. Public Administration Review, 66, 515-521.

[49] Hood, C., & Dixon, R. (2010). The political pay-off from performance target systems: No-brainer or no-gainer? Journal of Public Administration Research and Theory, 20 (2), 1281-1298.

[50] Hood, C., & Lodge, M. (2006). The politics of public service bargain. Oxford: Oxford University Press.

[51] Hood, C., Rothstein, H., & Baldwin, R. (2001). The government of risk. Oxford: Oxford University Press.

[52] Horn, M. (1995). The political economy of public administration. New York: Cambridge University Press.

[53] Houston, D. J. (2006). "Walking the walk" of public service motivation: Public employees and charitable gifts of time, blood, and memory. Journal of Public Administration Research and Theory, 16, 67-86.

[54] Hoyle, R., & Robinson, J. (2003). League tables and school effectiveness: A mathematical model. Proceedings of the Royal Society, 270, 113-119.

[55] Hvidman, U., & Andersen, S. C. (2013). The impact of performance management in public and private organizations. Journal of Public Administration Research and Theory, 24, 35-58.

[56] James, O., & John, P. (2006). Public management at the ballot box: Performance information and electoral support for incumbent English local governments. Journal of Public Administration Research and Theory, 17, 567-580.

[57] Johnsen, A. (2005). What does 25 years of experience tell us about the state of performance measurement in public policy and management? Public Money and Management, 25, 9-17.

［58］ Jones, G. , & Potrafke, N. (2014) . Human capital and national institutional quality: Are TIMSS, PISA, and National Average IQ robust predictors? CESIFO Working Paper no. 4790.

［59］ Kelman, S. , & Friedman, J. N. (2009) . Performance improvement and performance dysfunction: An empirical examination of distortionary impacts of the emergency room wait-time target in the English National Health Service. Journal of Public Administration Research and Theory, 19, 917-946.

［60］ Lane, J. E. (2000) . New Public Management. London: Routledge.

［61］ Lindberg, S. I. (2013) . Mapping accountability: Core concept and subtypes. International Review of Administrative Science, 79, 202-226.

［62］ Lockwood, B. , & Porcelli, F. (2013) . Incentive schemes for local government: Theory and evidence from comprehensive performance assessment in England. CESIfo DICE Report, 11 (1), 55-63.

［63］ Mayer, R. C. , & Davis, J. H. (1999) . The effect of the performance appraisal system on trust for management: A field quasi-experiment. Journal of Applied Psychology, 54 (1), 123-136.

［64］ Mayer, R. C. , Davis, J. H. , & Schoorman, F. D. (1995) . An integrative model of organizational trust. Academy of Management Review, 20 (3), 709-734.

［65］ Meier, K. J. , & O'Toole, L. G. (2011) . Comparing public and private management: Theoretical expectations. Journal of Public Administration Research and Theory, 21, i283-i299.

［66］ Miller, G. J. (2005) . The political evolution of principal-agent models. Annual Review of Political Science, 8, 203-225.

［67］ Mizrahi, S. (2013) . A new institutionalism analysis of performance management reform: Theoretical outline and evidence from Israel. Journal of Comparative Policy Analysis, 15 (3), 220-234.

［68］Moynihan, D. P. (2008) . The dynamics of performance management constructing information and reform. Washington, DC: Georgetown University Press.

［69］Mulgan, R. (2000) . "Accountability": An ever-expanding concept? Public Administration, 78 (3), 555-573.

［70］OECD. (2015) . Government at a Glance. http: //www. oecd-ilibrary. org/govern ance/government-at-a-glance2015_ gov_ glance-2015-en. Accessed 20 February 2016.

［71］Osborne, D. , & Gaebler, T. (1992) . Reinventing government: How the entrepreneurial spirit is transforming the public sector. New York: Addison Wesley.

［72］Otley, D. (1987) . Accounting control and organizational behavior. London: CIMA.

［73］Otley, D. (1999) . Performance management: A framework for management control systems research. Management Accounting Research, 10 (4), 363-382.

［74］Pollitt, C. , & Bouckaert, G. (2000) . Public management reform: A comparative perspective. Supporting the International Conference on Modernization and State Reform. Rio De Janeiro, 13.

［75］Pollitt, C. , & Bouckaert, G. (2010) . Public management reform: A comparative perspective. Oxford: Oxford University Press.

［76］Radin, B. A. (2006) . Challenging the performance movement. Washington, DC: Georgetown University Press.

［77］Rainey, H. G. (1983) . Public agencies and private firms: Incentive structures, goals, and individual roles. Administration and Society, 15, 207-242.

［78］Rhoades, L. , & Eisenberger, R. (2002) . Perceived organizational support: A review of the literature. Journal of Applied Psychology, 87, 698-714.

［79］Rosenfeld, R. , Fornango, R. , & Baumer, E. (2005) . Did ceasefire, CompStat, and exile reduce homicide? Criminology and Public Policy, 4 (3), 419-449.

[80] Rothstein, R. (2008). Holding accountability to account: How scholarship and experience in other fields inform exploration of performance incentives in education. National Center on Performance Incentives Working Paper 2008-2004, Vanderbilt University, Peabody College.

[81] Rudalevige, A. (2002). Managing the President's program: Performance leadership and legislative policy formulation. Princeton, NJ: Princeton University Press.

[82] Schedler, A. (1999). Conceptualizing accountability. In A. Schedler, L. Diamond, & M. F. Plattner (Eds.), The self-restraining state: Power and accountability in new democracies. London: Lynne Rienner Publishers.

[83] Shavell, S. (1979). Risk sharing and incentives in the principal and agent relationship. Bell Journal of Economics, 10, 55-73.

[84] Stiglitz, J., Sen, A., & Fitoussi, J. -P. (2009). The measurement of economic performance and social progress revisited. OFCE, Paris. www. stiglitz-sen?toussi. fr/documents/overview-eng. pdf. Accessed 18 October 2015.

[85] Talbot, C. (2010). Theories of performance: Organizational and service improvement in the public domain. Oxford: Oxford University Press.

[86] Thompson, D. F. (2014). Responsibility for failures of government: The problem of many hands. American Review of Public Administration, 44 (3), 259-273.

[87] Van Slyke, D. M. (2007). Agents or stewards: Using theory to understand the government-nonprofit social service contracting relationship. Journal of Public Administration Research and Theory, 17, 157-187.

[88] Vibert, F. (2007). The rise of the unelected. Cambridge: Cambridge University Press.

[89] Walker, R. M., Boyne, G. A., & Brewer, G. A. (Eds.). (2010). Public management performance: Research directions. Cambridge: Cambridge Univer-

sity Press.

［90］Weikart, L. A. (2001) . The Giuliani administration and the New Public Management in New York City. Urban Affairs Review, 36 (3), 359-381.

［91］Wood, D. B. (2010) . Agency theory of the bureaucracy. In R. F. Durant (Ed.), Oxford handbook of American bureaucracy. Oxford: Oxford University Press.

3 民主制度下的绩效管理、博弈和监控

3.1 确认问题

大多数现代民主国家的各级政府都存在绩效管理机制。在许多情况下，公职人员使用他们自己的直觉、个人经验和知识，而不是通过一个明确的规划流程来建立和运作这些机制。因此，本来应该可以提前预见的困难和缺陷导致许多机制和改革失败。本书通过将这些机制整合到决策过程中，为绩效管理体制的规划和实施制定一个条理清晰的策略。制定此类策略的第一步是确定绩效管理体制中可能导致故障的问题和陷阱，并为这些问题找到解决方案。基于这一分析，本章将提出一个完整的框架来设计和实施绩效管理体制。

没有有效的问责和责任机制，现代民主国家就无法有效运作。这种机制通常包括绩效管理体制。许多研究探索了这种机制可能出现的功能失调，包括使目标、衡量措施及数据扭曲失真和进行博弈的危险（Bevan and Hood，2006；Boyne and Chen，2006；Dixit，2002；Heinrich and Marschke，2010；Hvidman and Andersen，2013；Kelman and Friedman，2009；Moynihan，2008）。然而，这些研究往往侧重于对特定绩效管理机制的实证调查，并大量借鉴了英国和美国在地方

政府、教育和医疗保健领域的研究。

考虑到绩效管理体制容易受到目标和衡量措施的故意歪曲或博弈的影响，本章将探讨公共部门绩效管理体制的效能。本章的理论框架在委托代理理论的背景下使用了演绎博弈论推理。委托—代理框架表明委托人只拥有不完整的代理人的效用函数信息，而代理人则拥有委托人的隐私信息，这可能导致不完美、次优的契约（Holmstrom，1979）。当委托人试图根据绩效衡量标准来制定激励措施，从而对合同契约进行改进时，代理人仍然可以使用他或她所拥有的信息来操纵这些数据和衡量标准以谋取自己的利益。因此，委托人在设计最优合同时面临着复杂的问题。代理人经常通过博弈策略故意操纵数据和衡量标准，这在私营部门（Larkin，2013）和公共部门（Kelman and Friedman，2009；Moynihan，2008）都很明显。

然而，本章的分析与委托代理框架又有所不同，因为在公共领域，相同的参与者，如高级官僚，可能既是委托人又是代理人。如果他们在一次互动（如与政客）中作为代理人的利益超过了他们在另一次互动（如与中层或街头官僚）中作为委托人的利益，他们将不会作为委托人在该次互动中监督代理人，在某种程度上可能会与代理人联手。本章将通过参考各种类型的绩效衡量标准来探讨这些互动。

因此，本章使用了其他人开发的博弈论模型中的见解（Mizrahi and Minchuk，2015，2016）来分析公共领域的委托人为了减少代理人的歪曲企图而在监督方面投入大量精力所需的条件。本章还探讨了公共领域的代理人将他们在操纵绩效衡量标准方面投入的精力最小化的必要条件。

随后，本章考察了一些实证研究，这些实证研究表明本章的框架可以为他们的发现提供一般解释和见解。本章研究证明了在公共领域很难实现最佳条件，这意味着所有参与者都在进行博弈活动。政客、监管者和高级管理人员既是委托人又是代理人，都有动机去对体制进行博弈，导致出现严重的问责制和责任制问题。由于普通大众及其代表（即政客）无法或没有动力监督公共行政管理人员，因此不太可能出现最佳条件。

本章还对系统宏观层面的评估和组织指标进行了识别，结果表明在第一种情况下，委托人比在第二种情况下更有可能监控代理人的博弈。因此，系统性绩效管理应该涉及普通公民和政客都可以理解并可以从中受益的措施，而组织绩效管理应该强调从收集的数据中学习改变组织的文化，而不是通过激励机制来改变行为。解决这些问题的可能方法包括引入有利于公众的增值报告体制，对官僚的博弈施加令其痛苦的惩罚，以及促进组织学习。

3.2 理论框架

政治经济学文献通常在委托代理框架的背景下，通过使用博弈论建模来分析绩效管理体制（Baker，1992；Baker et al.，1994；Heinrich and Marschke，2010；Holmstrom and Milgrom，1991）。然而，只有很少的管理文献明确地将博弈和歪曲问题模型化。Mizrahi 和 Minchuk（2015，2016）试图通过将博弈和歪曲整合到委托代理关系的两阶段和三阶段博弈论模型中来填补这一空白。在这项工作的基础上，本章采纳了他们的主要见解，并将其整合成为一个理论框架。

博弈论建模涉及对均衡的分析。本章对结构性条件，以及与不同策略和结果相关的成本和收益做出某些假设。基于这些假设，本章构建了参与者的效用函数，然后应用均衡分析来预测博弈的预期行为和结果。实际上，这个过程也是一个优化分析，因为本章试图寻求并确定优化参与者效用函数的条件。

当考虑绩效管理体制时，有两类主要参与者：一类是有权和负责提供商品和服务的人，另一类是运营公共部门的人。第一类是委托人，第二类是代理人。如前所述，参与者可能在一次互动中是代理人，而在另一次互动中则是委托人。该术语不应将本章的建模限制在委托代理框架中。因此，本章模型中的委托人可能是普通公民（就政客和官僚而言）、政客（就官僚而言）和高级官僚（就中层和基层官僚而言）。

绩效管理体制的主要目标是改进工作流程，以便激励代理人在工作中投入更多精力，并最终提高组织绩效。绩效管理体制通常包括实现这一目标的激励机制。这些机制需要通过客观或主观绩效指标（见第 2 章第 2.5 节）不断对代理人的绩效进行衡量，并且可能在不同级别衡量（见第 2 章第 2.4 节）。然而，这些程序为代理人提供了操纵和歪曲目标、衡量措施和报告数据的机会，因此他们无需投入所需的全部努力即可获得激励。

在模型中，X 表示代理人因创造超出其正常绩效标准的产出而获得的奖励。例如，学校学生在国际考试中成绩的提高可被视为一个系统性指标，是值得积极奖励的特殊表现。如果考试成绩下降则说明表现不佳，应受到制裁，其形式可能导致对反对党的选举支持。例如，当政府机构或公立医院实现了年度工作计划中设定的目标（这些目标本身就表明与往年相比有所改善），组织指标就已经实现，这意味着积极的激励措施已经到位。当一个地方市政当局改善了其税收，组织指标就已经实现。类似的原理适用于项目绩效指标。

该模型假设对代理人的激励基于衡量结果，但他们可以选择在提高组织绩效和与体制进行博弈之间分配他们的努力。因此，官僚们可以简单地将他们已经在做的事情描述为他们工作计划的重要组成部分（Radin，2006）。他们的工作目的仅仅只是为了达到要求的目标，而不是追求高于要求的目标。这种博弈策略已在实证研究中得到广泛的研究和关注（Bevan and Hood，2006；Courty and Marschke，2003；Heinrich，2007；Hood，2006）。

委托人从代理人的产出中所获得的收益是相对于委托人投入实际绩效中的努力而言的。例如，在公众（委托人）和政客（代理人）的关系中，只有当上述的改进措施得以真正实现，公众才能从中受益。教育考试、医疗保健指标和政府效能的实际改善将直接反映在经济状况长期增长和社会繁荣中（Chong and Calderon，2000）。在模型中，γ 来表示委托人因为改进措施而从可衡量的产出中得到的收益。然而，当这种可衡量性的改进是激烈的博弈活动的结果时，委托人会损失两次。如果他们对那些不配得到奖励的人给予奖励，则意味着该机制并不是有效的。那么，他们可能根据虚假数据做出决策。为了减少代理人使用博弈策略，委托人可能会投入精力发现此类行为并对相关的代理人做出相应的制裁。因此，博弈策略的成本取决于委托人的努力和制裁，代理人可能会发现使用博弈策略的成本很高。

因此，在博弈的第一阶段，委托人决定投入多少精力来对操纵和博弈行为进行监控，投入的精力等于发现博弈的概率。然后，代理人注意到委托人的举动并决定投入实际表现和博弈的精力。在模型中 μ 表示代理人投入实际表现的精力，g 表示其投入在博弈策略上的精力。

对于不同的代理人而言，投入博弈和实际绩效表现的成本可能是不一样的，因为这些成本取决于很多不同的因素。C（g，t）表示代理人投入在绩效表现上的成本，其中 t 代表代理人类型，用来表示代理人的能力水平。Ca 表示博弈被发现时代理人的花费成本。委托人在发现和制裁博弈行为方面的投资成本也很昂贵，这里用 Cp 表示。

Mizrahi 和 Minchuk（2015）提出了一种从均衡分析中得出的代理人和委托人预期效用函数，均衡分析的概念在其中也有介绍。为了实现目标，本章的重点将放在从分析中所得出的两个命题的含义上。

命题 1：设 $Y \geq Ca \geq Cp$，并且 $2C \geq X+Ca$，则委托人将投入最大的精力来监控代理人对体制的操纵。

在第二种情况下，当 $2C<X+Ca$ 时，有些类型的代理人可能不会投入任何精力与体制进行博弈。

命题 2：设 $Y \geq Ca \gg Cp$，并且 $2C<X+Ca$，则委托人将投入最大的精力来监控代理人对体制的操纵。

这些结果表明，当 γ（委托人因为改进措施而得到的收益）足够大，甚至比 Ca（博弈被发现时代理人的花费成本）还要大时，委托人则在监控代理人对体制的操纵上投入了最大的精力。此外，与 Cp（委托人在发现和制裁博弈行为方面的投资成本）相比 Ca 应该足够大。这个结果意味着只有当委托人可以对代理人施加足够高的惩罚，以至于可以补偿其监控成本时，委托人才会在监控上投入最大的精力。此外，利用传递性原则 $Cp \leq Ca \leq Y$，我们可以得出结论：其条件可能是 Cp≪Y。只有当委托人从可衡量的绩效中实现的收益足够大，以至于值得投资时，委托人才会在监控方面进行投资，这样委托人才会确保绩效改进是真实的，而不是对数据进行操纵的结果。如果 γ 很低，特别是如果它低于投资监控的成本，则委托人不会在乎是否发生博弈。

基本条件 Y≥Ca≥Cp 可适用于两种情况，一种是所有类型的代理人都投入一些精力来与体制进行博弈，另一种是有些类型的代理人不会投入任何精力来操纵绩效数据。然而，在后一种情况下，Cp 应该远远低于 Ca（即 Ca≫Cp）。从此结果中得出结论，如果 2C<X+Ca，则可以选择不与处于均衡状态的体制进行博弈，这意味着与委托人的激励和制裁成本的总和相比，一旦代理人的博弈行为被委托人发现，代理人的努力成本就非常低。因此，如果委托人希望降低代理人与体制进行博弈的可能性，就应该在发现博弈时增加代理人的成本。因此在 Ca≫Cp 时，委托人将会尽最大努力去发现博弈。换句话说，打击博弈的有效策略可能包括增加发现博弈时强加于代理的成本和衡量绩效的奖励。如果代理人付出的额外成本（C）不太高，则这些条件的结合可以鼓励有能力的代理人不要与体制进行博弈，而是将精力投入实际绩效的提高方面。从长远来看，这种方法甚至可以帮助委托人发现关于代理人真实类型的缺失信息。

应该强调的是，委托人的决定并不取决于代理人的具体类型、代理人在博弈或绩效表现上投入的精力大小，或者博弈被发现的可能性。相反，委托人的决定取决于其控制范围内的一些组织结构中的易变因素。委托人可能会引入有利于他或她的绩效衡量标准，因为这些措施会产生真正的价值或对代理人的博弈施加痛苦的惩罚。或者，委托人可能会找到降低监控和制裁成本的方法，如通过组织改革。因此，研究结果表明，委托人可能会发现向代理人提供明确合同（包含这些条件，以及对博弈活动进行制裁）是有用的。接下来，本章来展示一下该模型在公共部门绩效管理问题上的应用。

3.3 民主制度中的问责制：模型应用

本节展示该模型在分析民主制度下的问责制、报告和监控方面的应用。参考图 2.1 中呈现的三种关系：高级管理者与公众之间、高级管理者与政客之间、高级管理者与中层官僚之间。本章先讨论该模型如何帮助我们理解公共部门和私营部门在绩效管理领域的差异，然后研究该模型在前面提到的公共领域的三种关系中的应用。

3.3.1 公共部门与私营部门对模型的影响

公共部门的管理者通常面临与私营部门不同的挑战和困境。虽然新公共管理运动试图将私营部门使用的管理技术应用于公共部门（Barzelay，2001；Hood，1991），但与政府和公共部门相比，私营组织通常规模较小，责任较少，参与的活动也较少（Miller，2005；Wood，2010）。他们可以更灵活地设计和执行明确合同，包括旨在激励员工的条款。私营部门的管理自主权比公共部门更大，劳动力的流动性和灵活性也比公共部门大。此外，虽然私营部门的委托人也是参与嵌套委托代理关系的管理者，但他们通常比公共部门的委托人（即公众和政客）拥有更明确的利益界定。公众和政客是集体参与者，存在集体行动、利益冲突，以及缺乏特定身份和利益集的问题，这些问题将使他们无法有效地发挥委托人的作用。因此，私营部门的信息不对称比公共部门少，控制博弈更容易（Miller，2005）。

私营部门和公共部门之间的另一个重要区别在于所使用的绩效指标类型。私营组织通常使用简单的量化绩效指标，公共部门使用的三种绩效指标分别为系统性绩效、组织绩效和项目绩效。

根据本章模型，与私营部门相比，公共部门使博弈最小化所需的条件不如私营部门有优势。为了支持这个论点，需要了解在什么条件下 $Y \geqslant Ca \geqslant Cp$ 最有可能被满足。这种情况适用于模型开发的大多数场景。从不等式的右边看，我们想要确定的是 Ca 在什么时候可以大到足以超过 Cp。在公共部门，代理人（即高级管理人员或中层官僚）比委托人（即政客或公众）拥有更多的专业知识和控制权，并得到工会和其合同契约的大力支持（Miller，2005；Wood，2010）。在这样的结构条件下，公共部门的委托人发现很难惩罚那些与体制进行博弈的代理人，特别是为了达到惩罚的效果，其成本实际上高于委托人对博弈进行监控的投资成本。因此，与私营部门相比，公共部门满足这部分不等式条件的可能性更小。

类似的原理也适用于不等式的左侧，它要求委托人从可衡量的产出中获得的收益足够大，即大于博弈被发现时代理人所花费的成本（$Y \geqslant Ca$）。一般来说，在公共部门，委托人通过采取改进措施而从得以提高可衡量的产出中获得的收益往往是模糊的，因为很难评估这种改进对委托人效用函数的影响。当委托人是公众时这一点很明显，当委托人是政客或高级管理人员时，情况也是如此。这种收益的模糊性适用于公共部门所有的三种绩效指标，这意味着它们不是增值的。因此，在公共部门，第二个优化条件得到满足的可能性比在私营部门要小。尽管如此，鉴于上面对各种绩效指标所做的区分，下面将展示几种情形来说明参与者在每种互动中的成本效益计算。

此外，当我们考虑信息不对称的情形时，会考虑满足 $2C < X + Ca$ 条件的可能性，以评估是否存在某些类型的代理人不对体制进行博弈的可能性。根据前面提到的情况，在公共部门对代理人的可衡量绩效（X）的奖励非常有限，对那些博弈体制的人的制裁也很有限。同时，因为需要克服许多官僚和政治障碍，投入实际绩效的努力成本通常非常高。因此，与私营部门相比，某些类型的代理人不在公共部门与体制进行博弈的可能性较小。

这些见解可以为文献中的实证发现提供线索和依据。如前所述，Hvidman 和 Andersen（2013）无法确定公共性维度（所有权、资金或社会控制的来源）中的哪个维度对管理的影响最为重要。本章的理论模型表明，社会控制的来源是确定绩效管理体制效能的关键组成部分。这一见解超越了具体的实证研究，因为该模型是与场合和背景无关的。然而，这些见解并不一定意味着公共部门应该更多地采用类似于商业的管理导向，并效仿私营部门。相反，本章的模型证明了绩效指标和绩效衡量作为公共部门的主要管理工具的局限性，公共部门已经转向类似于商业的管理模式。换句话说，鉴于公共民主制度的某些结构仍然存在，超过一定级别的绩效管理措施的应用将变得无效，因为这些机制会因博弈和体制操纵而被歪曲。本章考虑通过公共部门中的三种委托代理互动来证明这一论点的有效性。第 4 章将论证绩效管理机制会影响和提高管理质量。这种机制对于组织学习和转变组织文化来说，比促进问责制更重要。

3.3.2 互动 1：公众与高级管理者

在民主制度中，公众将权力授予民选官员，并要求他们对自己的行为和结果负责（Downs and Rocke，1994；Gailmard，2012）。然而，由于他们的专业知识，被任命的高级管理者往往是那些对执行机构的活动和结果负责的人（Miller，2005；Weber，1958）。当我们考虑作为代理人的公共行政人员和作为委托人的公众之间的直接关系时，我们可以从代理成本的角度了解问题的深度。

许多绩效指标和国际评级标准反映了公众的观点及专家评估的观点（如透明国际指数）。此外，许多客观的、系统的、经济的绩效指标通常是公共组织展示其效率和效能的工具，其目标受众是公众（Jones and Potrafke，2014）。

鉴于这一特征，假设高级管理人员可能会试图通过博弈策略歪曲系统性的绩效衡量标准和数据结果。代理机构的自由裁量权为公共行政人员提供了许多机会来操纵诸如教育、社会和经济指标、医疗保健、国家安全、基础设施、社会福利和环境等领域的绩效衡量标准（Stanat et al.，2002；Stiglitz et al.，2009；Weimer and Vining，2010）。尽管如此，公众可能会尝试监督此类博弈策略，并制裁故意歪曲衡量指标的行为。在这种互动中，博弈和故意歪曲行为在多大程度上存在？此外，公众是否有足够的动机来控制这些与体制博弈的企图？

高级管理人员与公众之间的关系极为不对称。可衡量的社会绩效改进值 γ 通常分布在许多参与者之间，并且难以评估，这意味着公众对 γ 的评价较低。此外，为了惩罚从事博弈的高级管理人员，公众必须付出高昂的代价，齐心协力，并克服集体行动中存在的问题。此外，公民个人，甚至有组织的利益集团，通常没有足够的手段来惩罚高级管理人员。总体而言，公众相对于高级管理人员的劣势意味着 Ca 不会大于 Cp。正如优化条件所要求的那样，Y 值较低意味着条件 Y≥Ca 不会被满足。此外，这种互动通常以高级行政持有的私密信息为特征。鉴于他们必须投入大量精力来提高实际绩效，条件 2C<X+Ca 在这种交互情形中可能不会被满足，这意味着有能力的代理人可能会与体制进行博弈。

然而，本章认为，公众对系统性指标比对组织指标和项目绩效指标更敏感。因此，对于系统性指标，条件 Y≥Ca 可能会被满足。换句话说，公民个人和团体对监督监控产生系统性指标的绩效报告系统感兴趣。事实上，在数字时代，随着通过数字媒体出现的类似消费者的报告系统的出现，这种监控已经变得可行（Andrews，2010）。然而，高级官僚仍然有操纵数据的动机，这意味着当涉及系统性指标时，这些相互冲突的利益会在这些关系中产生内在的冲突。因此，高级官僚有明确的动机使用组织指标和项目绩效指标，自由应用博弈策略。具体来说，在组织指标的情况下，优化条件不能得到满足。在这种情况下，高级管理人员最有可能大量使用博弈策略，而公众亦不会投入太多精力来监控此类活动。

如前文所述，经验证据表明，关于绩效管理体制中的博弈行为和有效性的实证结果喜忧参半。例如，Figlio 和 Ladd（2008）对有关文献进行了全面总结，结果表明其中将大部分内容侧重于发布学校排名的文献可以引起学校做出博弈反应。另一个潜在的问题是，此类排名的发布通过间接方式告知家长哪些学校拥有更多优势学生，助长了社群隔离和挑肥拣瘦的刮脂行为。还存在造成社会经济分类的潜在问题，因为具有较高社会经济背景的父母，最有能力通过住房市场行使选择权，会被表现最好的学校所吸引（Hoyle and Robinson，2003）。Gaynor 等（2010）、Lockwood 和 Porcelli（2013）的研究表明，在医疗保健和地方政府等政策领域，竞争可以提高绩效产出，但无法节约成本。另外，也有一些例子表明应用市场竞争或基准竞争措施是有效的，并且可以节省成本（Andrews，2010；Burgess et al.，2010）。

本章的模型可以帮助解释这些复杂的发现结果。大多数经验证据表明博弈行为在教育领域占据主导地位，这与我们的发现结果一致。然而，鉴于有些人（通常是高收入者和受过高等教育的人）直观地将教育成果，以及按照宏观层面横向标准所呈报的成就与其子女和自身福利联系起来，这就意味着他们对 γ 赋予了一个很高的值，我们可能会期待对该领域进行各种形式的社会监督监控。这些人也有资源来制裁表现不佳的学校。由此可见，为了减少博弈行为，使绩效管理更加有效，需要对目标和措施进行规划，使普通公民了解他们可以从改进中获得的直接利益，从而为社会监督监控创造条件。

然而，普通公民通常不太关心组织绩效指标，如学校是否有效管理和平衡预算。换句话说，他们为 γ 赋予了一个低值。在这种情况下，我们预计几乎没有社会监督监控，因此公共管理者会有激烈的博弈行为（Andrews，2014）。这种见解可能有助于解释那些发现实施了绩效管理体制但并没有提高效率的研究（Macinati，2008；Schubert，2009）。

类似的推理也适用于作为委托人的公众或选民和作为代理人的政客之间的关系。选民们认为，绩效改善给他们带来的好处微乎其微，而且不会在报告或观察到的绩效上附上明确的选举收益。这种推理为诸如 Hood 和 Dixon（2010）的实证结果提供了理论基础，他们发现几乎没有明确的证据表明政客通过实施绩效管理体制获得了象征性和直接的选举利益。

这一分析强调了民主制度的核心问题之一，以及将新公共管理范式应用于公共部门中所存在的缺陷。集体行动问题通常很严重的民主制度，既没有为公众提供激励，也没有办法让公众直接监督高级管理人员的活动和绩效，以及使高级管理人员对组织层面的结果负责。能够做到这一点的是那些投入大量精力监控官僚的特殊利益集团，但他们通常是为了自己的利益才这样做的，这会导致整个社会的次优结果（Weimer and Vining，2010）。公众可能会利用民选官员作为调解人来监督高级官僚，但正如本书在下一节中展示的那样，这种互动也会产生次优的社会结果。

矛盾的是，在通过客观绩效衡量实现民主和公共部门现代化的同时试图增加公共问责制，实际上可能会降低公众与公共部门之间的信任与合作。因此，应仔细规划和使用绩效管理机制，以避免适得其反的结果。

3.3.3　互动2：政客与高级管理者

公共行政管理和政治经济学文献经常使用委托代理模型来分析民选官员和高级管理者之间的关系（Bendor，1990；Miller，2005；Niskanen，1971；Wood，2010）。政客需要官僚的合作来推进他们的议程，而高级管理者则拥有关于他们的组织和项目成本的隐私信息。Miller 和 Moe（1983）的研究结果表明，随着这些关系中的信息不对称越来越有利于官僚，代理成本显著增加，从而导致次优的社会结果。

政客们可能会使用各种方式来控制官僚并引导他们实现自己的目标。例如，通过政治任命、物质激励，以及结构改革来惩罚顽固的官僚，以此作为对官僚施加政治控制和克服委托代理问题的一种手段（Bendor，1990；Heinrich and Marschke，2010；Hood and Lodge，2006；Miller，2005）。然而，如前文所述，非政治任命的高级官僚可能为了自己的利益而故意歪曲和操纵报告的数据和衡量措施，使政治控制无效。

在大多数民主制度中，政客可以在一定程度上控制高级官僚，但他们在惩罚顽固的官僚并迫使他们合作方面常常面临巨大的困难。中央集权的民主国家尤其如此，高级官僚拥有垄断权力（Hood and Lodge，2006；Wood，2010）。在去中心化或分权体制中，政客们往往依赖于与官僚合作的利益集团的支持（Weimer and Vining，2010）。根据条件 $Ca \geqslant Cp$，我们预计在大多数民主制度中，对政客来说，对绩效数据的检测和制裁加以操纵的代价是非常昂贵的，但如果政客发现了这些操纵行为，对高级官僚的惩罚也将会很重。因此，我们得出结论，当系统性指标作为绩效衡量标准时，这一条件很有可能得到满足。

此外，关于优化条件的第二个方面，政客们根据活动类型和绩效衡量标准评估他们从可测量绩效中所得的收益（γ）。与上一节中介绍的公众评价一样，政客们也最有可能对系统性指标的改进赋予很高的值。例如，毫无疑问，政客们可以而且确实可以利用国际教育考试成绩的提高或经济指标的提高来提高他们的政治地位。换句话说，当使用系统性指标时，政客们会从改进的绩效衡量指标中获得显著好处，即使这些改进是故意歪曲数据和衡量标准的结果（Stiglitz et al.，2009）。同时，这些指标会直接影响到高级官僚及其组织。然而，为提高实际绩效而进行投资对他们来说可能是非常昂贵的。换句话说，C 值很高，因此条件 2C<X+Ca 不满足，他们就会有参与博弈策略的动机。因此，当使用系统性指标时，高级官僚和政客们在参与和检测发现对绩效衡量标准的操纵方面存在利益冲突。

相比之下，项目绩效指标的改进，特别是组织指标的改进，对政客们而言价值不大，因为他们很难利用这些指标来获取政治利益。组织指标的使用最有可能促使高级管理人员参与博弈策略，而政客们几乎没有理由投入精力监控这些操纵行为。项目绩效指标的使用也会促使高级管理人员参与数据操纵行为，但在这种情况下，政客们可能会从监控和制裁此类行为中看到某些好处。

本章得出结论，组织指标在公共部门最有可能是无效的，并且可能会适得其反，因为它们促进了对数据的操纵，并且不太可能被政客们使用。在高级管理人员和政客之间的互动中，报告机制应优先考虑系统性指标而不是组织指标，以确保公共问责制。

3.3.4 互动 3：高级管理者与中层官僚

高级管理者与其下级官僚的关系具有明显的委托代理模式特征。如前文所述，在大多数民主国家，高级管理人员如果能做到对绩效和数据的操纵行为进行监控，其成本会非常高。因此，优化条件的第一个方面不会满足。

此外，我们认为高级管理者和中层官僚之间的利益冲突往往没有其他委托代理互动那么严重，因为双方都有兴趣提高组织作为运作良好和有效机构的声誉（Carpenter，2001）。通过操纵项目绩效指标和数据，可以轻松获得这样的声誉。与此同时，对中层官僚来说，通过投资提高实际绩效是非常昂贵的。机构使用组织指标尤其如此，而公众和政客对这些指标不感兴趣，这意味着没有显著的外部压力来提高组织的绩效。换句话说，在这种交互过程中，委托人评估从可测量绩效中可以获得的收益（γ）很高，可能高到足以超过 Ca，但不超过 Cp。此外，C 的值很高，因此条件 2C<X+Ca 不满足，这意味着所有代理都投入了一些精力来博弈体制。因此，虽然高层官僚可能会试图监控数据操纵，但此类活动固有的成本很可能会阻止他们这样做。无论如何，中层官僚有充分的理由参与博弈。事实上，私营组织中的管理者和员工在建立组织声誉方面也可能有共同的利益，但由于对他们的评价主要是看他们为组织创造的价值和利润，这就限制了声誉建设活动的范围。

我们可以得出这样的结论：高级管理者在某些互动中作为代理人，而在其他互动中作为委托人的双重角色，使高级管理者和中层官僚的利益非常密切，以至于降低了其他委托代理关系中固有的冲突强度。这些利益可能在某种程度上是一致的，即他们在提高公共组织的声誉方面有着共同的利益，但即使这样做仍然会对数据进行大量操纵。

3.4　综合分析

公共问责制是民主制度的重要组成部分。完善问责制和责任制的机制和文化是在世界各地维持有效民主的一项重大任务（Mulgan，2000；Schedler，1999；Vibert，2007）。问责制有两个主要基础：报告和履行责任（Lindberg，2013；Thompson，2014）。绩效管理方法已成为近几十年来公共部门现代化的主要工具，在本章中，我们将从绩效管理方法的视角对有关问责制、报告和责任制的机制和问题进行分析。根据绩效管理方法中的一个观点，问责制因体制中存在歪曲报告机制的博弈活动而受到威胁，从而削弱了公共责任原则。

具体来说，本章解决了在公共部门特有的层级嵌套关系中监控博弈活动的问题。本章提出一个优化模型，该模型可以用来识别确定促使委托人在监控和限制代理人的博弈行为方面进行投资的前提条件。结果表明，优化条件中包括一些参数，委托人可以通过这些参数对代理人的博弈行为进行监控。这些结果所适用于代理人的类型既可以是公共知识，又可以是代理人持有的私有知识。

表3.1总结概括了该模型在公共部门的应用。该表引用了上一节中讨论的三种类型的交互，并总结了完全满足、部分满足或不满足优化条件的绩效指标类型。

所有参与者都对系统性指标最为敏感，因为相对于官僚而言，作为委托人的公众和政客们非常关心这些指标。因此，我们预期优化条件将在表3.1的前两个交互关系中得到满足或部分满足。在公众与高级管理人员的互动模式中，公众几乎没有有效的控制手段，但公众的意识使高级管理人员对操纵数据持谨慎态度。由此可见，为了真正对社会有所帮助，绩效管理机制的规划方式应该能够为公众创造真正的价值，以激发公众对高级管理人员的监督。然而，在政客与高级管理人员的互动模式中，政客确实有有效的控制手段，并有望投入精力监控博弈行为。另外，高级管理人员经常参与博弈策略。政客和高级管理人员之间的这种利益冲突引发了问责制、责任制和报告的问题。有趣的是，高级管理人员为了加强自身在这场冲突中的地位，他们会打造组织的声誉，使其成为一个致力于提高系统性绩效指标的组织。为了实现这一目标，他们可能会依赖对打造组织声誉有自己的兴趣的中层官僚，即使这种做法涉及数据操纵。高级管理人员及其下属在博弈系统性指标方面的共同利益降低了其委托代理关系中所具有的核心问题的程度，导致这种互动模式与委托代理模型几乎没有相似之处。

表3.1还总结概括了该模型在项目绩效指标中的应用。在这里，我们发现了与系统性指标相似的模式，尽管其幅度较小。与系统性指标相比，所有参与者对项目绩效指标的敏感度都较低。因此，与监控系统性指标的博弈行为相比，委托人在监控项目绩效指标的博弈行为中投入的精力比较少。因此，应该对项目绩效指标进行仔细规划，但由于委托人对监控用于计算项目绩效指标的数据的操纵行为缺乏兴趣，这些规划可能被证明是无效的。

表 3.1　模型在公共部门的应用

委托代理关系级别	系统性绩效指标			项目绩效指标			组织绩效指标		
	条件	行动	结果	条件	行动	结果	条件	行动	结果
公众→高级行政官员	$C_a \geq C_p$ 不满足 部分 $Y \geq C_a$ 满足 $2C \leq X + C_a$ 满足	缺乏有效控制手段导致公众监督薄弱，鉴于公众意识，高级管理者任时对博弈持谨慎态度	需要仔细地规划绩效管理机制，鉴于在社会上有效发挥作用	$C_a \geq C_p$ 不满足 部分 $Y \geq C_a$ 满足 $2C \leq X + C_a$ 满足	缺乏意识和有效控制手段导致公众监督薄弱，高领管理者使用博弈策略	需要仔细规划绩效管理机制并增强公众意识，以便在社会上有效发挥作用	$C_a \geq C_p$ 不满足 $Y \geq C_a$ 不满足 $2C \leq X + C_a$ 满足	缺乏意识导致公众监督薄弱，高级管理者广泛使用博弈策略	规划绩效管理机制对公共部门和社会无效
政客→高级行政官员	$C_a \geq C_p$ 满足 $Y \geq C_a$ 满足 $2C \leq X + C_a$ 满足	政客投入精力探查和裁制广泛使用博弈策略的高级管理者	政客和高级管理者之间冲突严重，官僚机构的政治控制问题	$C_a \geq C_p$ 不满足 部分 $Y \geq C_a$ 满足 $2C \leq X + C_a$ 满足	政客投入少量和裁制精力探查广泛使用博弈策略的高级管理者	政客和高级管理者之间冲突严重。官僚机构的政治控制问题	$C_a \geq C_p$ 不满足 $Y \geq C_a$ 不满足 $2C \leq X + C_a$ 满足	政客不投入任何精力探查和裁制使用博弈策略的高级管理者	规划绩效管理机制对公共部门和社会无效
高级行政官员→中层官僚	$C_a \geq C_p$ 不满足 $Y \geq C_a$ 不满足 $2C \leq X + C_a$ 满足	高级管理者不投资制裁博弈行为，因为他们需要建立组织在公众和政客中的声誉	高级管理人员与下属广泛合作进行博弈	$C_a \geq C_p$ 不满足 $Y \geq C_a$ 不满足 $2C \leq X + C_a$ 满足	高级管理者不投资制裁博弈行为，因为他们需要建立组织在公众和政客中的声誉	高级管理者与下属合作进行广泛博弈	$C_a \geq C_p$ 不满足 $Y \geq C_a$ 不满足 $2C \leq X + C_a$ 满足	高级管理者不投资制裁博弈行为，因为他们需要建立组织在公众和政客中的声誉	高级管理者与下属合作进行广泛博弈

在组织指标方面，委托人缺乏对数据操纵行为进行监督的动力，再加上大量的博弈行为，使问题尤为明显。由于广大公众和政客都没有看到自己如何直接从组织层面的绩效改进中受益，所以他们倾向于将组织指标边缘化。然而，各级公共管理人员试图在组织层面展示绩效改进，以建立组织的声誉，他们可以在其所参与的其他委托代理互动中利用这种声誉。因此，如表3.1所示，组织指标最有可能助长大量博弈行为并减少监督措施。因此，在公共部门使用组织指标可能对公共部门和社会都无效。

本章的分析提出了以下几个重要结论：第一，分析结果表明，委托人可以通过引入有利于委托人的绩效衡量标准来减少代理人的博弈行为，因为这些指标和措施可以产生真正的价值，也可以对代理人的博弈行为施加痛苦的惩罚。或者，委托人可能会找到降低监控和制裁成本的方法，如通过组织改革。这些结果适用于代理人类型既是公共知识又是代理人持有的私有知识的情况，这意味着通过确定代理人的类型并不能解决博弈问题。一份包含阻止操纵和故意歪曲数据的机制和策略的明确的合同将有助于最大限度地减少代理人参与博弈活动的动机。这一结果可以为寻求改善民主制度中的问责制和公共责任制的体制安排提供指导。第二，政客、监管者和高级管理人员作为委托人和代理人的双重角色在公共部门尤其重要，需要特别关注。这种双重角色创造了一种可能性，即本应监督代理人的参与者会因为他们自己在其他互动中作为代理人的利益而避免这样做。第三，公众缺乏直接通过结构不完善的绩效衡量标准对官僚们进行监控的动力，再加上公众无法克服的集体行动问题，导致绩效衡量标准与公共部门的整合无效，因为这些绩效指标和衡量措施会助长博弈和歪曲指标的行为。矛盾的是，虽然希望通过客观的绩效衡量来实现公共部门现代化，从而增加公共部门的问责制，但实际上可能会降低公众与公共部门之间的信任与合作。第四，委托人和代理人的利益可能一致，这一事实导致了责任制、问责制和报告中的尖锐问题。在这些层级嵌套关系中，大家不清楚责任在哪里，谁对哪项活动负责，谁应该向谁报告。

因此，本章的模型有助于解释许多民主国家面临的有关问责制和责任制的问题。该模型表明，所有绩效指标中都存在内在弱点，尤其是与组织指标相关的问题。大多数报告体制和问责制原则都基于绩效衡量标准来反映客观情况的理念，本章模型发现了这种机制固有的一个主要问题。因此，建立基于问责制和责任制原则的切实有效的民主制度是一项比简单地引入绩效衡量标准复杂得多的任务。最大的挑战是将绩效管理整合并内化到政治和组织文化中（Moynihan，2008）。Stiglitz 等（2009）指出，需要制定一种全面的绩效管理方法，但他们没有解决博弈策略对报告和问责制有效性的影响。结果强调了对具有附加值的绩效衡量标准的需求，尤其是公众容易理解的指标和信息。事实上，本章分析了第 5 章介绍的一种全面的绩效管理方法，该方法强调改变组织文化而不是强制实行问责制。

在公共部门中的高级管理人员、中层官僚及监管者往往都希望参与声誉建设，这通常涉及操纵绩效目标和数据。如表 3.1 所示，在私营部门使用委托代理模型时，各级公共管理人员的利益冲突要少于公共部门。因此，我们应该重新思考迄今为止的公共管理文献主要侧重于各种不同的委托代理模型的做法。文献应该更多地关注到参与公共部门活动的各种参与者的互相合作，联合起来对绩效目标和衡量指标进行操纵，从而达到建立组织声誉的目的。

我们应该重新思考作为民主制度现代化的主要途径的新公共管理主题。绩效管理是私营部门和公共部门使用的一个重要管理工具，其在公共部门的功能失调的影响应引起关注。这种重新评估特别重要，因为本章已经证明，即使公共管理者和政客更具决断力，也无法最小化这些影响，因为这些影响来自公共部门和民主制度的固有结构。

3.5　如何减少博弈行为？

在前面章节，我们确定了几种可能减少博弈行为的策略：在目标和衡量方法的规范中引入更多的不确定性，加强对指标衡量机制的审计和监控，创造可能抵消努力替代负面影响的补充因素，鼓励博弈行为的自我限制，通过增加衡量措施、调整衡量措施及培养员工的公共部门积极性来对流程进行管理。

这些方法与组织层面尤其相关，但在宏观层面管理绩效时其效率较低。例如，为了防止学校只关注考试成绩而牺牲效率，我们可以在两个方面引入目标和指标。然而，很难向作为委托人的公众和政客灌输这样一种观念，即他们将平等地从这些维度中受益（两种情况下的 Y 都很高）。同样，如果通过使宏观层面的目标和指标模糊不清来确保不确定性，这时委托人会给 Y 赋予较低的值。相反，作为代理人的公共行政人员将有广泛的可能性来操纵和歪曲目标和措施。管理策略主要与组织层面有关，因此也有可能出现自我限制的情况。此外，各级公共管理人员都有操纵和博弈绩效体制的动机，管理策略及外部监控即使在组织层面也很少有效。

因此，博弈在组织层面很常见。从本章的理论框架来看，经验证据所显示出的一些例外情况确实不能推广到其他情况。这就给我们留下了两个主要的方法来减少博弈行为，这些方法在理论上是可以得到验证的。第一种方法是专注于委托人（选民和政客）敏感的目标和指标。公共部门的绩效管理体制应该主要在宏观层面应用，并采用具有附加值的系统性指标。然而，管理者可能还需要用于组织层面绩效管理的工具。第二种方法是避免在组织层面使用激励机制，因为对此类绩效管理体制进行监控是无效的。绩效管理不应通过激励机制来改变行为，而应专注于从收集的绩效数据中学习。事实上，许多研究表明人们并没有有效使用绩效信息，因为绩效信息的收集和解释方式被公职人员视为适得其反且无效（Behn，2003；Heinrich and Marschke，2010；Moynihan，2008）。因此，他们要么与体制进行博弈，要么干脆不配合绩效管理体制。然而，公职人员通过在他们的组织中引入绩效管理体制而获得象征性的收益，他们也可以出于学习的目的评估绩效信息。Moynihan（2008）开发了一种交互式对话模型，他认为仅仅因为绩效信息的存在并不能保证它会被使用，是否使用及如何使用绩效信息取决于潜在用户的动机，以及这些信息对其目标的效用。Moynihan 的模型表明，组织中的各个参与者通过建立学习过程的对话来讨论、分析和解释绩效信息。由此可见，通过绩效管理体制进行学习的重要性，以及管理层在创建此类流程中的主导作用

（Behn，2003；Hood，2006；Kelman and Friedman，2009；Moynihan and Lavertu，2012；Talbout，2010）。管理者与其将数据用作打击员工的大棒，不如通过这些数据信息与员工讨论如何提高他们的绩效。

3.6　总　结

本章通过一个优化模型解决了监控博弈活动的问题，通过该模型我们试图确定使博弈活动最小化的条件，并在分析中提出了一些重要的结论和见解。公共领域所有参与者都参与了激烈的博弈活动。作为委托人和代理人的政客、监管者和高级管理人员所扮演的双重角色，以及委托人和代理人的利益可能一致的事实，导致了责任制、问责制和报告的尖锐问题。

委托人可以通过引入有利于他们的绩效衡量标准、对代理人的博弈施加痛苦的惩罚来减少代理人的博弈行为。一份包含阻止恶意操纵和歪曲数据的机制和策略的明确合同将有助于最大限度地减少代理人参与博弈活动的动机。然而，由于这些策略将主要在横向宏观层面最小化博弈行为，我们得出结论，在组织层面绩效管理体制应强调对话学习，同时避免将激励与绩效挂钩。最大的挑战是将绩效管理整合并内化到政治和组织文化中（Moynihan，2008；Stiglitz et al.，2009）。

绩效管理是应用于私营部门及公共部门的一种重要管理工具，它在公共部门的功能失调的影响应引起关注。即使公共管理者和政客更加果断，这些影响也不能被最小化，因为这些影响来自公共部门和民主制度的固有结构。在第 4 章，我们试图确定绩效管理机制在提高组织绩效和政府效能方面的作用。在第 5 章，我们为规划绩效管理体制制定了一个完整的框架，并将其整合到政策过程中。在第 6 章，我们就如何将绩效管理体制整合到政策过程做了进一步阐述。

3.7 从业者要点

绩效管理体制在指标衡量方面很容易受到可能因糟糕的绩效结果而受到伤害的参与者的歪曲和博弈。尽管现代社会试图衡量一切，但大多数人根本不喜欢被不断地评估衡量。许多人通过操纵衡量机制为自己谋取利益来解决这一冲突。人类行为的这一基本特征应该指导我们计划和实施绩效管理体制。

在民主制度中，当激励措施与绩效挂钩时，这个问题就变得更加尖锐。民主制度的复杂结构涉及多个角色的许多参与者，这增加了对该体制进行歪曲和博弈的风险，最终导致了与问责制、报告和责任制有关的许多尖锐问题。

应该如何处理这些问题？我们在本章中详细介绍了几种方法。第一种方法是，应该对绩效衡量标准进行仔细规划，以便可以为使用和监控它们的人创造真正的价值。如果监管者认为改进措施将为他们带来真正的收益，他们将愿意投入精力监控衡量机制和报告机制，以便其反映的是实际情况而不是操纵的绩效结果。监控可能包括对博弈行为的制裁。因此，我们建议在委托人和代理人之间的合同协议中明确有关博弈的规则和制裁。

减少博弈行为的第二种方法是避免在组织层面使用激励机制，因为监控此类绩效管理体制是无效的。绩效管理不应通过激励措施来改变行为，而应专注于从收集的数据中学习。公职人员通过在其组织中引入绩效管理体制获得象征性的收益，他们还可以出于学习的目的评估绩效信息。管理者与其将数据用作打击员工的大棒，不如通过这些信息与员工讨论如何提高他们的绩效。后续章节将讨论把绩效管理整合、内化到政治和组织文化中的挑战。

参考文献

[1] Andrews, R. (2010) . New public management and the search for efficiency. In T. Christensen & P. Laegrid (Eds.), Ashgate research companion to the New Public Management. Aldershot: Ashgate Press.

[2] Andrews, R. (2014) . Performance management and public service improvement. Public Policy Institute for Wales, PPIW Report No. 3.

[3] Baker, G. P. (1992) . Incentive contracts and performance measurement. Journal of Political Economy, 100, 598-614.

[4] Baker, G. P. , Gibbons, R. , & Murphy, K. J. (1994) . Subjective performance measures in optimal incentive contracts. The Quarterly Journal of Economics, 109, 1125-1156.

[5] Barzelay, M. (2001) . The New Public Management. Los Angeles, CA: University of California Press.

[6] Behn, R. D. (2003) . Why measure performance? Different purposes require different measures. Public Administration Review, 63, 586-606.

[7] Bendor, J. B. (1990) . Formal models of bureaucracy: A review. In N. B. Lynn & A. Wildavsky (Eds.), Public administration: The state of the discipline. Chatham, NJ: Chatham House.

[8] Bevan, G. , & Hood, C. (2006) . What's measured is what matters: Targets and gaming in the English health care system. Public Administration, 84, 517-538.

[9] Boyne, G. A. , & Chen, A. (2006) . Performance targets and public service improvement. Journal of Public Administration Research and Theory, 17 (3),

455-477.

[10] Burgess, S. , Wilson, D. , & Worth, J. (2010) . A natural experiment in school accountability: The impact of school performance information on pupil progress and sorting. Centre for Markets and Public Organization. Working Paper, Bristol: Bristol University.

[11] Carpenter, D. P. (2001) . The forging of bureaucratic autonomy. Princeton, NJ: Princeton University Press.

[12] Chong, A. , & Calderón, C. (2000) . Institutional quality and income distribution. Economic Development and Cultural Change, 48 (4), 761-786.

[13] Courty, P. , & Marschke, G. (2003) . Dynamics of performance measurement systems. Oxford Review of Economic Policy, 19, 268-284.

[14] Dixit, A. (2002) . Incentives and organizations in the public sector. Journal of Human Resources, 37, 696-727.

[15] Downs, G. W. , & Rocke, D. M. (1994) . Conflict, agency, and gambling for resurrection: The principal-agent problem goes to war. American Journal of Political Science, 38, 362-380.

[16] Figlio, D. , & Ladd, H. (2008) . School accountability and student achievement. In H. Ladd & E. Fiske (Eds.), Handbook of research in education finance and policy. London: Routledge.

[17] Gailmard, S. (2012) . Accountability and the principal-agent models. In M. Bovens, R. E. Goodin, & T. Schillemans (Eds.), Oxford handbook of public accountability. Oxford: Oxford University Press.

[18] Gaynor, M. , Moreno-Serra, R. , & Propper, C. (2010) . Death by market power: Reform, competition and patient outcomes in the National Health Service. National Bureau of Economic Research Working Paper 16164.

[19] Heinrich, C. J. (2007) . False or fitting recognition? The use of high performance bonuses in motivating organizational achievements. Journal of Policy Analysis

and Management, 26, 281-304.

[20] Heinrich, C. J. , & Marschke, G. (2010) . Incentives and their dynamics in public sector performance management systems. Journal of Policy Analysis and Management, 29 (1) , 183-208.

[21] Holmstrom, B. (1979) . Moral hazard and observability. Bell Journal of Economics, 10, 74-91.

[22] Holmstrom, B. , & Milgrom, P. (1991) . Multitask principal-agent analyses: Incentive contracts, asset ownership, and job design. Journal of Law, Economics, and Organization, 7, 24-52.

[23] Hood, C. (1991) . A public management for all seasons? Public Administration, 69, 3-19.

[24] Hood, C. (2006) . Gaming in target world: The targets approach to managing British public services. Public Administration Review, 66, 515-521.

[25] Hood, C. , & Dixon, R. (2010) . The political pay-off from performance target systems: No-brainer or no-gainer? Journal of Public Administration Research and Theory, 20 (2) , I281-I298.

[26] Hood, C. , & Lodge, M. (2006) . The politics of public service bargain. Oxford: Oxford University Press.

[27] Hoyle, R. , & Robinson, J. (2003) . League tables and school effectiveness: A mathematical model. Proceedings of the Royal Society, 270, 113-119.

[28] Hvidman, U. , & Andersen, S. C. (2013) . The impact of performance management in public and private organizations. Journal of Public Administration Research and Theory, 24, 35-58.

[29] Jones, G. , & Potrafke, N. (2014) . Human capital and national institutional quality: Are TIMSS, PISA, and National Average IQ robust predictors? CESIFO Working paper no. 4790.

[30] Kelman, S. , & Friedman, J. N. (2009) . Performance improvement and

performance dysfunction: An empirical examination of distortionary impacts of the emergency room wait-time target in the English National Health Service. Journal of Public Administration Research and Theory, 19, 917-946.

［31］ Larkin, I. (2013) . The cost of high-powered incentives: Employee gaming in enterprise software sales. Working Paper 13-073, Harvard Business School.

［32］ Lindberg, S. I. (2013) . Mapping accountability: Core concept and subtypes. International Review of Administrative Science, 79, 202-226.

［33］ Lockwood, B. , & Porcelli, F. (2013) . Incentive schemes for local government: Theory and evidence from comprehensive performance assessment in England. CESIfo DICE Report, 11 (1), 55-63.

［34］ Macinati, M. S. (2008) . The relationship between quality management systems and organizational performance in the Italian National Health Service. Health Policy, 85 (228), 241.

［35］ Miller, G. J. (2005) . The political evolution of principal - agent models. Annual Review of Political Science, 8, 203-225.

［36］ Miller, G. , & Moe, T. (1983) . Bureaucrats, legislators, and the size of government. American Political Science Review, 77, 297-322.

［37］ Mizrahi, S. , & Minchuk, Y. (2015) . Accountability and performance management in nested principal-agent relations: Gaming and monitoring the system. A paper presented at the EGPA 2015 Conference, Toulouse, France.

［38］ Mizrahi, S. , & Minchuk, Y. (2016) . Performance management in a decentralized setting: Monitoring and gaming in the financial services industry. Managerial and Decision Economics. doi: 10. 1002/mde. 2813.

［39］ Moynihan, D. P. (2008) . The dynamics of performance management constructing information and reform. Washington, DC: Georgetown University Press.

［40］ Moynihan, D. P. , & Lavertu, S. (2012) . Does involvement in performance reforms encourage performance information use? Evaluating GPRA and

PART. Public Administration Review, 72, 592-602.

［41］ Mulgan, R. (2000) . "Accountability": An ever-expanding concept? Public Administration, 78 (3), 555-573.

［42］ Niskanen, W. A. (1971) . Bureaucracy and representative government. New York: Aldine-Atherton.

［43］ Radin, B. A. (2006) . Challenging the performance movement. Washington, DC: Georgetown University Press.

［44］ Schedler, A. (1999) . Conceptualizing accountability. In A. Schedler, L. Diamond, & M. F. Plattner (Eds.), The self-restraining state: Power and accountability in new democracies. London: Lynne Rienner Publishers.

［45］ Schubert, T. (2009) . Empirical observations on New Public Management to increase efficiency in public research-Boon or bane? Research Policy, 38, 1225-1234.

［46］ Stanat, P., Artelt, C., Baumert, J., Klieme, E., Neubrand, M., Prenzel, M., Schiefele, U., & Schneider, W. (2002) . PISA 2000: Overview of the study-Design, method and results. Berlin: Max Planck Institute for Human Development.

［47］ Stiglitz, J., Sen, A., & Fitoussi, J. -P. (2009) . The measurement of economic performance and social progress revisited. OFCE, Paris. www. stiglitz-senfitoussi. fr/documents/overview-eng. pdf. Accessed 18 October 2015.

［48］ Talbot, C. (2010) . Theories of performance: Organizational and service improvement in the public domain. Oxford: Oxford University Press.

［49］ Thompson, D. F. (2014) . Responsibility for failures of government: The problem of many hands. American Review of Public Administration, 44 (3), 259-273.

［50］ Vibert, F. (2007) . The rise of the unelected. Cambridge: Cambridge University Press.

［51］Weber, M. (1958) . From Max Weber: Essays in sociology. New York: Oxford University Press.

［52］Weimer, D. L. & Vining, A. R. (2010) . Policy analysis: Concepts and practice. Upper Saddle River, NJ: Prentice Hall.

［53］Wood, D. B. (2010) . Agency theory of the bureaucracy. In R. F. Durant (Ed.), Oxford handbook of American bureaucracy. Oxford: Oxford University Press.

4 绩效管理、管理质量和政府绩效：跨国定量分析

4.1 引言

绩效管理机制创建了内部法规，旨在鼓励公共管理人员在工作中投入更多精力，从而提高组织绩效（Heinrich and Marschke，2010）。组织行为理论表明，绩效管理体制可以通过外在奖励（如委托代理框架）鼓励员工，或通过组织支持计划、培训和激励发挥员工的内在动力使其努力提高绩效（Christen et al.，2006；Deci et al.，1999；Heinrich and Marschke，2010；Rhoades and Eisenberger，2002）。公共部门文献在这个问题上也存在分歧，研究范围从关注物质激励和奖励计划（Heinrich，2007）到强调组织文化、象征性利益和学习（Moynihan，2008）。

在本章，我们提出了另一种方法，绩效管理机制主要影响管理质量，从而使中层和基层官僚感到被赋予权力。这些改进随后转化为政府部门和公共组织更高效能和更好的绩效表现。我们质疑资源可用性、权力下放和协调举措等结构性变化是否，以及在多大程度上在这些动态变化中发挥重要作用。找到这个问题的答案，将有助于我们确定设计绩效管理机制时的关注点，即是把结构性参数还是单

个参数作为主要关注点，这也将帮助我们识别这两组变量之间的相互作用。我们将利用从第 5 章分析中得出的结论，为规划绩效管理机制并使之得以实施提供一个完整的框架。

在 4.2 中，我们介绍了这种方法的理论背景，作为实证探索的基础。我们回顾了有关上述变量的文献以及它们之间相互作用的证据，将其作为我们研究假设的基础。

在 4.3 中，我们构建了一个基于战略管理核心思想的研究模型，即输入和活动产生输出，输出产生结果（Bouckaert and Halligan，2008）。模型中的输入和活动包括绩效管理实践、资源可用性、协调举措和权力下放。我们假设这些变量将与管理和制度的质量及政府效能相关，这构成了我们模型中的输出。然后，我们预期这些输出将在政府绩效方面产生结果。

在 4.4 中，讲述了经济合作与发展组织国家与绩效管理机制相关的主要趋势和流程。在宏观层面，许多政府及国际组织将绩效管理机制视为公共部门改革和现代化的重要工具，而在组织层面，一些特定组织也采纳了这种做法。具体来说，根据国际组织（特别是经合组织和世界银行）收集的数据和衡量指标，我们为 37 个国家创建了一个包括许多项目的数据集。这些项目使我们能够研究前面提到的变量，并对其进行高级统计分析。

在 4.5 中，我们介绍了基于这些分析的主要发现和结论。大多数关于绩效管理机制及其效能、效率和影响的研究都集中在对具体案例的研究上，泛化归纳的可能性有限（Gerrish，2016）。更普遍地分析比较多个案例通常使用定性研究方法，以便更广泛地泛化归纳他们的发现和结论（Bouckaert and Halligan，2008；Pollitt and Bouckaert，2010）。然而，很少有研究应用定量研究方法，通过跨国比较来探索宏观层面的绩效管理改革（Gerrish，2016），本章试图填补这一空白，并通过这种方法得出一般性见解。这样的分析也将帮助我们评估绩效管理机制对公共部门的影响。

在 4.6 中，我们进行了综合分析，4.7 对本章内容进行了总结，4.8 提出了从业者要点。

4.2 绩效管理与政府绩效：理论框架

绩效管理机制所处的复杂环境意味着绩效管理机制对组织绩效可能存在各种间接影响。正如第 2 章所讨论的，Moynihan（2008）在"绩效信息使用的交互式对话模型"（interactive dialogue model of performance information use）的背景下提出了一个广泛的绩效管理体制观点，该模型将使用绩效信息视为一种社会互动形式。他主张在公共组织内建立对话惯例，以便根据绩效信息推进学习和战略规划。

将这一论点再深入一步，我们认为绩效管理机制对内部协调、资源调动和分配、管理流程和领导力有直接影响，同时也提高了透明度和道德行为方面的制度质量。由此可见，绩效管理机制可能仅对公共部门组织的绩效产生间接影响，但没有产生直接影响。在本章，我们将验证这个结论是否正确。

因此，有各种变量可以将绩效管理实践和组织绩效联系起来。管理文献中的一个核心思想是，绩效管理机制为管理者提供了提高工作质量和领导力的必要工具。对相关文献的回顾揭示了管理质量的几个核心要素：第一，人的素质是指由客观的评估者衡量公职人员的优点和专业水平。它还意味着高层和负责阐明与实施该部门愿景和目标的公职人员的领导力（Hart and Grant，1989；Holzer，1989；Staats，1988）。第二，问责制和透明度提供了管理者进行自我批评和改进现有流程和程序意愿的内部机制。第三，高标准的道德和伦理尽量将内部政治最小化的努力可能被视为切实有效的管理标志（DeLeon，1996；Lui and Cooper，1997；Richardson and Nigro，1991）。第四，管理质量的一个重要组成部分是创新和创造力，它是更新、发展和朝着集体组织愿景不断前进的重要引擎（Schall，1997）。作为回报，通过所有这些渠道提高管理质量有望提高组织的绩效。

基于这一基本原理，我们得出结论，管理质量是组织绩效的重要决定因素。

鉴于绩效管理机制的许多组成部分影响并贯穿管理实践，我们假设管理质量将绩效管理和组织绩效联系起来。

管理者行使技能和领导力的一个主要条件是他们在授权中表现出的管理自主权（Mookherjee and Tsumagari，2014）。关于权力下放和对管理者授权的研究强调的是有助于解决信息处理成本问题（Bolton and Dewatripoint，1994）、昂贵的沟通问题和合同复杂性问题（Mookherjee and Tsumagari，2014；Segal，2001）、代理人之间的勾结（Faure-Grimaud et al.，2003）、缺乏全面承诺和重新谈判及不完整的合同（Aghion and Tirole，1997；Roider，2003）等问题的方式方法。此外，绩效管理实践通常包括授权。因此，我们假设授权与绩效管理和管理质量有关。

资源是工作绩效的重要组成部分，资源分配机制显著影响组织绩效（Christen et al.，2006；Sirmon et al.，2007）。在公共组织中，资源分配和预算问题是日常运营和管理不可分割的组成部分（Andersen et al.，2008；Pollitt and Bouckaert，2010）。管理者在很大程度上整合了绩效管理体制，包括计划、目标设定和资源分配，以确保组织中的每个人都拥有所需的资源进行有效运作（Pollitt and Bouckaert，2010）。由此可见，资源管理和分配的改进可以对组织绩效产生重大影响，而这种改进可以通过有效的绩效管理体制来实现。因此，我们假设资源的可用性与绩效管理、管理质量和授权有关。

公共组织内部和各公共组织之间的协调被认为是现代公共管理的主要挑战之一（Bouckaert et al.，2010；Dietrichson，2013；Peters，1998）。Seidman（1998）、Pressman 和 Wildavsky（1984）等强调协调问题是任何公共部门改革的主要目标之一。Peters（1998）将协调定义为"一种最终状态，在这种状态下，政府的政策和计划具有最小冗余、不连贯和缺陷等特征"。他建议将协调视为一个连续统一体，其基础是协调在多大程度上达到了预期的最终状态。自20世纪80年代以来，由于公共部门组织的自主权增加，公共部门的协调问题愈演愈烈（Bouckaert et al.，2010）。Dietrichson（2013）证明了协调问题与资源分配效率低下之间的联系，认为改善前者将改善后者。他还建立了公共部门改革与协调问题之间的联系，并建议绩效管理体制应优先考虑核心活动。这样做将提高员工和管理人员的绩效，并加强协调。

综上所述，我们假设组织内部协调是组织绩效的重要决定因素。鉴于绩效管理体制的许多组成部分和方法都在尝试改善协作，我们假设是协作将绩效管理和组织绩效联系了起来。

在本章，我们试图评估被人们普遍理解的绩效管理对公共部门绩效的影响。虽然有很多关于特定部门或政策领域的这些关系的研究（Gerrish，2016），但我们采用了一种更广泛的方法在国家层面衡量这些变量，并在国际上进行比较，因此我们所要回答的问题是绩效管理实践是否与政府绩效相关，以及如何关联。有一些文献提出了公共部门绩效的客观和主观衡量标准（Afonso et al.，2005；Jones and Potrafke，2014；Stiglitz et al.，2009）。有关国家体制绩效的宏观指标就是客观衡量标准的范例，如经济（国内生产总值、通货膨胀和贫困指标）、卫生系统（死亡率）、教育系统（学生在国家考试中的成绩）、法律和执法系统（犯罪指标和法治）。Afonso 等（2005）使用这些指标来衡量政府的效率和效能。然而，Stiglitz 等（2009）强调了这些指标的局限性，并认为我们必须制定一种全面而完善的绩效管理方法。这样做需要增加对公共部门绩效的主观衡量，如对各种参与者特别是公众的评估，对这些系统的成就进行评估（Caiden and Caiden，2002；Thomas and Palfrey，1996；Winkler，1987）。然而，虽然对服务的满意度可能反映的是具体的体验和感受，但公民对其政府的信任程度是他们对公共部门绩效总体评价的一个更准确的指标（Bouckaert et al.，2002；Citrin and Muste，1999；Luhmann，1988）。

虽然客观衡量标准和主观衡量标准都有其优点，但是当考虑全国范围内绩效管理实践与国家公共部门绩效之间的关系时，我们认为很难建立将绩效管理实践与通过客观指标进行衡量的公共部门绩效相关联的逻辑。例如，很难证明员工评估甚至绩效预算之类的做法直接影响死亡率这样的指标，因为影响该指标的变量很多。切断绩效管理实践的影响可能是一项不可能完成的任务。因此，我们建议专注于公共部门绩效的主观衡量标准。此外，客观指标实际上反映了少数参与者的主观决策和衡量标准（Stiglitz et al.，2009）。相比之下，公民对政府的信任度等主观衡量指标反映了公共部门服务最终用户的态度，因此能够更清楚地表明这些组织的效能和绩效。

文献对信任和影响它的因素已经从不同的角度进行了广泛的研究（Bouckaert et al.，2002；Hardin，2006；Luhmann，1988）。虽然存在一些可行的解释，但是公共管理研究中使用的核心思想是：信任（TRUST）反映了人们对政府的信心（Citrin and Muste，1999），它表明了公民对政府运作方式的总体评价，以及他们对公职人员促进公共利益的良好意愿的信心（Citrin and Muste，1999；Coulson，1998；Luhmann，1988）。信任程度通常通过对一些指标的调查和访谈来衡量。正如文献证明的那样，信任可以在宏观和微观层面进行研究和衡量（Bouckaert and Van De Walle，2003）。在这个层面上，将信任视为一个整体是可以接受的。在宏观层面的分析中，我们使用这个概念来表示绩效管理机制与其他结构性改革和管理过程的结果。文献还解释了政府质量与社会信任之间的关系（Rothstein，2011）。

4.3　研究设计

4.3.1　研究模型与假设

我们根据战略管理的核心思想构建了一个研究模型，即输入和活动产生输出，输出产生结果（Bouckaert and Halligan，2008）。图4.1给出了各个研究变量之间的假设关系。研究核心包括绩效管理实践（performance management，PM）、管理质量和政府效能（managerial quality government effectiveness，MQGE）以及政府绩效（主观上理解为公民信任）之间的关系。此外，在上一节中，我们解释了其他变量：权力下放（decentralization of authority，DC）、资源可用性（resource availability，RA）和协调举措（coordination initiatives，COOR），通过影响管理质量或政府效能参与到这些关系中。

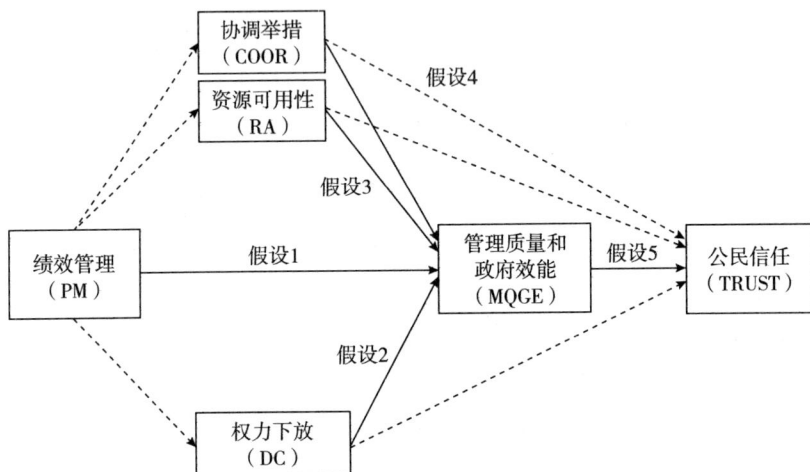

图 4.1　研究设计

假设 1：绩效管理与管理质量和政府效能正相关。

假设 2：权力下放与管理质量和政府效能正相关。

假设 3：资源可用性与管理质量和政府效能正相关。

假设 4：协调举措与管理质量和政府效能正相关。

假设 5：管理质量和政府效能与公民信任正相关。

最后，我们考察了其他可能的关系，如图 4.1 中的虚线箭头所示。

4.3.2　数据取样

我们使用的是来自两个主要来源的数据：①经合组织半年期系列报告《政府概览》，其中包括自 20 世纪 90 年代后期以来收集的大量项目；②全球治理指标（Worldwide Governance Indicators，WGI）研究项目，涵盖 212 个国家和地区，衡量了 1996 年到 2015 年期间与治理相关的六个维度。这些数据使我们能够衡量 37

个国家的研究变量，其中大多数是经合组织成员国。对于那些没有定期出现在经合组织报告中的国家，如乌克兰和俄罗斯，只有部分数据。我们研究的国家包括：芬兰、澳大利亚、韩国、荷兰、挪威、波兰、美国、加拿大、英国、瑞典、土耳其、斯洛伐克、日本、新西兰、奥地利、丹麦、爱尔兰、墨西哥、希腊、卢森堡、法国、意大利、冰岛、瑞士、葡萄牙、德国、匈牙利、西班牙、比利时、捷克、斯洛文尼亚、爱沙尼亚、以色列、智利、巴西、乌克兰和俄罗斯。

4.3.3 数据来源和测量方法

我们使用前面提到的数据源测量了所提到的研究变量。经合组织系列报告《政府概览》包括各国提供的有关其治理和经济各个方面的信息。如前文所述，报告的数据收集和结构基于战略管理的基本原理（OECD，2015）。具体来说，这些报告提供了三大类主要数据：第一类涉及投入，评估政府的规模和作用，政府征收多少收入，以及政府使用多少资源和使用何种资源。此类别的比较数据包括有关政府支出、生产成本、就业及政务中心的作用和特征的指标。第二类涉及流程，评估政府如何运作、做什么，以及如何做。此类别的比较数据包括有关制度体系（政务中心）、预算实践和程序、人力资源管理、公共部门诚信、监管治理、公共采购和数字政府的信息。第三类数据涉及产出和结果，评估政府生产的商品和服务，以及由此产生的对公民和企业的影响。此类别的比较数据包括整个政府方面，如公民对其国家政府和法治的信心，以及衡量公共部门活动产出和成果的部门方法。例如，2015 年的测试侧重于三个领域：医疗保健、教育和司法系统。

从技术上讲，经合组织研究人员通过搜索可用数据集（主要是关于投入和产出的定量数据）或整合各国报告的定性数据（主要与流程有关）来收集数据。为了尽量减少可能使国家报告产生偏差的主观解释，经合组织研究人员密切遵循这些程序。

第二个数据来源是世界银行进行的全球治理指标研究项目（有关数据收集方法的详细说明，请参见 http：//info. worldbank. org/governance/wgi/index. aspx #

home）。该项目基于数百个衡量治理各方面的具体和分类的个体变量，从33个不同组织提供的35个数据源中汇总指标。这些数据反映了公共部门、私营部门和非政府组织专家对治理的看法，以及世界各地成千上万的公民和调查对象的看法（Kaufmann et al.，2009）。具体而言，这些指标属于六个维度：话语权和问责制、政治稳定和没有暴力/恐怖主义、政府效能、质量监管、法治和腐败控制。正如我们稍后将解释的那样，使用其中一些指标来衡量提到的变量。

我们通过组合几个指标并在执行可靠性测试后，将它们组合在一起来计算大多数测量基准值。为了将学习效果纳入结论，我们对2008年到2011年的投入、2012年的流程/产出和2014年的成果进行了测量。

4.3.4　措施

4.3.4.1　绩效管理

绩效管理变量是通过经合组织2009年和2011年系列报告《政府概览》中的六个指标进行衡量的（OECD，2009，2011）。这些指标反映了绩效管理的三个主要方面：战略规划、绩效预算和人力资源管理。战略规划的指标是：①根据中央政府官员对1998年、2005年和2008年进行的调查的答复，监管影响分析（RIA）在特定国家的应用程度；②根据中央政府人力资源管理部门的高级官员对2010年经合组织战略性人力资源管理进行调查的答复，战略性人力资源管理在特定国家的应用程度。这一衡量标准表明存在一个普遍的问责制框架，以及与前瞻性规划的存在相关的各种要素，以确保有足够的劳动力来提供服务。

绩效预算的指标是依据经合组织成员国高级预算官员对2011年进行的一项调查的答复，以及绩效预算在特定国家应用的程度。该综合指数包含11个变量，涵盖信息的有效性和已开发的绩效信息类型、监控和报告结果流程，以及中央预算机构、职能部委和政客们是否及如何在预算谈判和决策中使用绩效信息。

人力资源管理实践的指标是基于中央政府人力资源管理部门的高级官员对2010年经合组织战略性人力资源管理进行调查的回复。我们考虑了三个指标：①中央政府在人力资源（HR）决策中使用绩效评估的程度；②中央政府使用绩效薪资（PRP）的程度；③中央政府对高级公务员（SCS）进行单独的人力资源管理实践的程度。

总体而言，我们使用六个指标来评估绩效管理（PM），这些指标本身就是各种变量的组合（详情请参阅 OECD 报告）。所有六项指标均以百分比表示。PM 的衡量标准是这六个指标的平均值。该变量的信度检验为 $\alpha = 0.734$。

4.3.4.2 管理质量和政府效能

管理质量和政府效能这一变量使用四个指标来衡量，这些指标既反映了对管理质量的特定的重要方面的评估（OECD，2013），也反映了对政府效能的总体评估（WGI，2013）。可靠性和相关性分析表明，下列指标的相关性非常密切，我们将它们合并为一个复合变量。管理质量的具体指标如下：

（1）特定国家的公民对其领导层的认可程度。经合组织报告参考了 2012 年盖洛普世界民意调查（Gallup World Poll）收集的数据。该国领导者的认可数据是对"你对国家领导者的工作表现认可还是不认可"问题回答"认可"的百分比。

（2）特定国家的公民认为腐败在整个政府中普遍存在的程度。经合组织的报告参考了 2012 年盖洛普世界民意调查（Gallup World Poll）收集的数据。关于政府腐败看法的数据是对"腐败在整个政府中普遍存在，是还是否?"问题回答"否"的百分比。

政府效能的总体评估指标包括：①全球治理指标的监管质量衡量标准，它反映了对政府制定和实施允许促进私营部门发展的健全政策和法规的能力的看法；②全球治理指标对政府效能的衡量标准，它反映了人们对公共服务质量、公务员队伍的质量及其独立于政治压力的程度、政策制定和实施的质量及政府对此类政策承诺的可信度的看法。这两个指标对每个国家的评分在 $-2.5 \sim 2.5$ 之间。在我们的数据集中，我们将 2012 年测量的这些值标准化为百分比。

总体而言，我们使用四个指标来评估 MQGE，其中两个指标本身是各种变量的组合。四个指标都是以百分比为标准的。MQGE 的衡量标准是这四个指标的平均值。该变量的信度检验为 $\alpha = 0.868$。

4.3.4.3 权力下放

权力下放变量通过一个单项标准来衡量，该项标准表明了中央政府职能部门在人力资源管理实践中权力下放的程度。数据收集自 2010 年经合组织关于战略人力资源管理的调查结果（OECD，2011）。受访者是中央政府人力资源管理部门的高级官员，信息涉及中央政府的人力资源管理实践。该指数由以下变量组成：是否存在一个中央人力资源管理机构及职能部委确定各组织内部职位数量和其类型的作用，员工薪酬和其他花费之间的分配预算，员工薪酬水平，职位分类、招聘、解雇及就业条件。该变量的值以百分比表示。

4.3.4.4 资源可用性

资源可用性变量是用 2009 年政府的总生产成本占国内生产总值的百分比来衡量的。这个衡量标准很好地反映了当时政府可用的资源。此外，它还包含国内生产总值，这是一个可能影响产出和结果的宏观经济变量。生产成本的概念和方法论建立在国民账户体系（System of National Accounts，SNA）中现有的公共支出分类基础之上（OECD，2011）。具体而言，政府生产成本包括：①一般政府雇员的补偿成本，包括现金、实物报酬加上所有强制性的雇主（和推算）的社会保险缴款、代表雇员支付的自愿缴款；②由政府支付的非政府实体生产的商品和服务成本（其中包括向政府和公民提供的商品和服务）；③固定资本的消耗（资本折旧）。这些数据包括政府就业和政府生产自用产出的中间消耗，如政府雇员修建的道路和其他资本投资项目。此变量的值以百分比表示。

4.3.4.5 协调举措

协调举措这个变量是根据经合组织代表和中央政府官员对 2008 年进行的经合组织监管管理体系指标的调查的答复，根据政府使用简化战略的程度来衡量。综合指数考察了中央政府对所设计战略的相对重视程度。减轻最高层的行政负担（经合组织 OECD，2009）。它着眼于（括号中的值表示权重）：一个国家是否有明确的减负计划（33.3%）、该计划是否包括减轻负担的量化目标（16.7%）、使用信息和通信技术的战略（16.7%）和其他工具（16.7%）以减轻行政负担，以及在政府之间重新分配职责以简化业务流程并降低公民和企业成本的做法（16.7%）。该指数总结了各国减轻行政负担的努力强度和计划的全面信息。此变量的值以百分比为单位。

4.4　经合组织国家的四大趋势：研究变量深度考察

在本节，我们描述了经合组织国家在绩效管理实践和其他可能影响政府绩效的结构变化方面的主要趋势。在这种情况下，我们将研究变量解构为其组成部分，从而进一步丰富数据集和分析。

4.4.1　经合组织国家的绩效管理

如前文所述，绩效管理（PM）实践体现在三个主要方面：战略规划、绩效预算和人力资源管理。为了评估战略规划，我们先考虑监管影响分析（RIA），它已成为近几十年来的主要战略政策工具。RIA 着眼于监管的所有可能影响，包括成本和收益及可持续性。它允许决策者检查监管政策的备选方案，并据此制定计划。它还增强了监管决策的透明度及合理性，使其成为战略规划的一个主要组成部分。各国政府官员提到的 RIA 的关键要素是将 RIA 纳入重要法规的制定、审查和修订过程中；通过事后评估支持 RIA，以监控其质量和合规性；确保 RIA 在提高监管质量方面发挥关键作用。经合组织在这方面收集的数据表明，采用 RIA 的国家大幅增加，尤其是在 1994~2002 年增幅很快，2009 年所有经合组织成员国都报告说它们在一定程度上采用了这种机制。根据公共部门的改革历史和管理文化，各国在这一机制的制度化和使用范围方面存在差异。例如，在瑞典和日本，RIA 综合指数分别从 2005 年的 30% 和 40% 增长到 2008 年的 70% 和 85%。在加拿大，2005 年到 2008 年没有变化，但保持在 92% 的水平，而在西班牙，它保持在 23%~25% 的低水平。因此，该指标在不同时期和国家之间存在差异。与

2005 年的 53% 相比，2008 年 30 个经合组织国家的 RIA 指数平均值为 66%（范围 0~1）。

战略规划的第二个指标是 2010 年评估认可的战略人力资源管理。该指标表明存在一个普遍的问责制框架及与前瞻性规划相关的各种要素，以确保有足够的劳动力来提供服务。该综合指标根据以下方面对各个国家进行评级：是否存在包含战略性人力资源管理组成部分的中高层管理人员问责制框架、在中层和高层管理人员的绩效评估中使用人力资源管理目标、对各部委和部门在遵循良好人力资源管理做法方面的绩效进行评估，以及员工队伍规划的使用。经合组织报告（2011）表明，经合组织国家在使用此类战略性人力资源管理实践方面存在很大差异。澳大利亚、加拿大和英国位居榜首，而捷克、斯洛伐克、希腊和匈牙利在中央政府中只有少数此类做法。2010 年，在 31 个经合组织国家中，该指标的平均值为 0.5（范围为 0~1）。

绩效预算通常被认为是战略规划的重要组成部分，因为它既能让决策者了解产出和结果，又能让他们以激励预期产出的方式控制费用（Holzer et al.，2016）。绩效预算的指标是基于经合组织成员国高级预算官员对 2011 年进行的一项调查的答复，以及在特定国家应用绩效预算的程度。该综合指数包含 11 个变量，涵盖的信息包括：信息的有效性和已开发的绩效信息类型、监控和报告结果流程，以及中央预算机构、职能部委和政客们是否及如何在预算谈判和决策中使用绩效信息。经合组织在 2007 年也测量了这一指标。2007 年和 2011 年出现的主要趋势是，大多数国家都报告在使用某种绩效预算机制，它通常用于编制信息，丰富了预算讨论（OECD，2007，2011）。绩效预算很少包括实际的资金后果，如为表现不佳的人减少预算资金，为表现良好的人增加预算资金。

另一个普遍的趋势是，职能部委更可能使用绩效预算来为其机构和部门进行分配，而不是中央政府使用它来资助部委。由于各国在具体划分指标方面存在重大差异，因此综合指标也存在差异。两个时间点之间也存在差异。似乎许多国家在 2007~2011 年间放弃了这种做法。例如，芬兰、澳大利亚、挪威和波兰的综合指标分别从 2007 年的 62%、62%、58% 和 57% 下降到 2011 年的 43%、4%、

36%和31%。对于韩国、墨西哥和加拿大等国家，综合指标在2007~2011年期间有所上升，但大多数国家的综合指标下降。这一趋势表明人们对该机制有些失望，可能是由于其在实施和使用中存在许多障碍。2011年，32个经合组织国家的该指标均值为38%（范围为0~1），而在2007年，30个经合组织30个国家的均值为42%。

人力资源管理实践指标基于中央政府人力资源管理部门的高级官员对2010年经合组织战略性人力资源管理调查的答复。如前文所述，这是绩效管理机制的主要组成部分。我们考察了两个指标。第一个指标是，我们权衡了中央政府在人力资源决策中使用绩效评估的程度。这一综合指标回答了是否存在一个正规的绩效评估，是否使用了绩效评估工具，是否使用了绩效评估标准，以及良好的绩效评估对晋升、薪酬和合同续签的重要性。经合组织的报告（2011）表明，调查中的所有国家都在2010年之前实施了绩效评估。在葡萄牙和丹麦等几个国家，这些评估是有关员工个人决策过程的核心。在芬兰和希腊等国家，绩效评估并不是那么重要。在加拿大、冰岛、墨西哥和挪威，绩效评估仅用于部分员工。2010年，31个经合组织国家的该指标的均值为66%（范围为0~1），而在2005年19个经合组织国家的该指标的均值为62%。

我们考虑的第二个指标是中央政府使用绩效薪资（PRP）的程度。该综合指标反映了绩效薪资机制的使用情况、适用的员工类别、一次性奖金和绩优加薪的使用情况，以及绩效薪资占基本工资的最大比例。经合组织的报告（2011）表明，英国、瑞士和捷克比新西兰、奥地利和荷兰等国家更广泛地应用了PRP。比利时、希腊、冰岛、墨西哥、波兰和土耳其完全没有使用PRP。2010年，31个经合组织国家中该指标的均值为65%（范围为0~1）。

4.4.2 经合组织国家管理质量和政府效能

除了绩效管理指标外，我们还考虑了构成管理质量和政府效能（MQGE）的几个因素。这个变量使用四个指标来衡量，这些指标既反映了对管理质量的特定的重要方面的评估（OECD，2013），也反映了对政府效能的总体评估

（WGI，2013）。

管理质量使用了两个具体指标。第一个指标是特定国家的公民对其领导层的认可程度。经合组织的报告参考了 2012 年盖洛普世界民意调查（Gallup World Poll）收集的数据。数据表明，各国对其领导层的评价存在很大差异，如瑞士（81%）、卢森堡（75%）、挪威（67%）和新西兰（64%），对其领导层的评价相当高，而捷克（13%）、希腊（15%）、匈牙利（17%）、爱沙尼亚（19%）对他们国家领导层的评价则相当差。2012 年，经合组织 34 个国家的该指标的平均值为 41%，处于相对较低的水平。

我们权衡的第二个指标是特定国家的公民认为腐败在整个政府中普遍存在的程度。经合组织报告中提到了 2012 年盖洛普世界民意调查（Gallup World Poll）收集的数据。在这里，我们也可以看到各国之间的差异，差异在很大程度上与该指标相吻合。希腊（92%）在腐败指数方面的排名靠前，而瑞士的得分则相当低。我们应该注意到，美国（73%）、日本（64%）、意大利（86%）和奥地利（67%）等国家的公民认为腐败在他们国家普遍存在。法国和德国的得分相同，均为 54%。2012 年，34 个经合组织国家的该指标平均值为 57%。

我们考虑用两个具体的指标来评估政府效能。第一，我们使用了全球治理指标的监管质量衡量标准，它反映了对政府制定和实施允许促进私营部门发展的健全政策和法规的能力的看法。该指标自 1996 年以来一直存在，并且在大多数国家显示出逐年上升的趋势。2012 年，该指数显示大多数国家的评级都在 60% 以上。

第二，我们参考了全球治理指标对政府效能的衡量标准，它反映了人们对公共服务质量、公务员队伍的质量及其独立于政治压力的程度、政策制定和实施的质量，以及政府对这类政策承诺的可信度的看法。这个综合指标也是从 1996 年开始就存在的。尽管平均值保持稳定，但变量的分布在不同年份之间有所不同。2012 年，该指标显示 37 个国家中有 24 个国家的得分在 70%~90% 之间，只有 7 个国家的得分低于 60%。经合组织国家的平均值为 73%。鉴于许多国家的腐败程度很高，这一迹象令人震惊。

4.4.3 权力下放、资源可用性、协调举措和经合组织国家之间的协调

权力下放（DC）通过一个单项标准来衡量，该项标准表明了中央政府职能部门在人力资源管理实践中权力下放程度。这一过程也表明了其他方面的权力下放的过程，因为对人力资源的控制是中央当局或总部部门行使权力和推进其政策的主要工具。该领域的权力下放通常发生在其他权力下放过程发生之后（Pollitt and Bouckaert，2010）。因此，将人力资源管理实践下放给中央政府的职能部委可以成为权力下放的一个很好的衡量指标。

数据是通过 2010 年经合组织战略性人力资源管理调查（OECD，2011）收集的。受访者是中央政府人力资源管理部门的高级官员，信息涉及中央政府的人力资源管理实践。该指标由以下变量组成：是否存在一个中央人力资源管理机构及职能部委确定各组织内部职位数量和其类型的作用，员工薪酬和其他花费之间的分配预算，员工薪酬水平，职位分类、招聘、解雇及就业条件。此变量的值以百分比表示。经合组织报告（2011）表明，大多数经合组织成员国增加了职能部委在人力资源管理决策中的作用。然而，他们的参与程度因国家而异，有时甚至在同一国家内的政府机构之间也不同。因此，在得分较高的瑞典（83%）、澳大利亚（80%）和新西兰（78%），各部委在确定其人员配置需求、招聘人员、确定薪酬水平和其他就业条件方面具有更大的灵活性。不同时间段之间也存在差异。相比之下，爱尔兰（45%）、土耳其（47%）和以色列（49%）往往拥有更集中的人力资源管理模型。2005 年，26 个经合组织国家的平均值为 45%，而 2010 年经合组织 31 个国家的平均值增长到 65%。此外，在意大利和法国，该指标分别从 2005 年的 33% 和 31% 上升到 2010 年的 62% 和 67%。这些数据明显反映了权力下放改革的重大变化。

资源可用性（RA）是用 2009 年政府总生产成本占国民生产总值的百分比来衡量的。这个衡量标准很好地反映了当时政府可用的资源。生产成本的概念和方法论建立在国民账户体系（SNA）中现有的公共支出分类基础之上（OECD，2011）。经合组织报告（2011）表明，2009 年用于生产政府服务和商品的成本占

国民生产总值的 1/4 左右，经合组织成员国之间有明显差异。例如，丹麦政府服务和商品的生产成本占国民生产总值的百分比大约是墨西哥的 3 倍，这部分反映了这些国家政府的不同角色。2000~2009 年期间，除 5 个经合组织成员国（以色列、奥地利、斯洛伐克、澳大利亚和波兰）外，其他经合组织国家的生产成本占国民生产总值的比例均有所增加。这一增长主要是由于公司和非营利性机构所生产的商品和服务成本的增加（+1.5%），政府雇员薪酬成本增加（+0.8%）的影响较小。这些增加表明，政府正在提供更多的商品和服务，或投入成本正在增加。

政府利用自己的雇员、资本和外部承包商（非营利机构或私营部门实体）来生产商品和服务。2009 年，经合组织成员国政府利用自己的雇员生产仍然比外包更为普遍：雇员的报酬占生产商品和服务成本的 49%，而支付给非政府行为者的中间商品和服务，或直接向家庭提供服务的这一比例为 43%。固定资本消耗占总生产成本的 9%。

协调举措（COOR）是根据经合组织代表和中央政府官员对 2008 年进行的 OECD 监管管理体系指标的调查的回复，根据政府使用简化战略的程度来衡量。综合指数考察了中央政府对旨在减少最高级别行政管理负担的战略的相对重视程度（OECD，2009）。简化策略增加了不同部门和经济领域参与者之间的协调。然而，为了取得成功，他们还必须在政府部门和公共组织之间进行重要的协调。因此，当一个国家在简化战略上投入努力时，它实际上是在加强公共部门内组织和单位之间，以及公共部门与其他部门和参与者之间的协调。

经合组织报告（2009）表明，许多国家已经制定了减轻行政管理负担的目标，以推动政府内部业务流程的改革，并由一个独立的监督机构监督绩效。用于实现这些目标的最常见策略包括使用信息和通信技术及电子保存记录和报告，如允许企业和公民在线报税和纳税。2008 年，许多国家以及欧盟都在大力尝试简化其行政程序。大多数国家该指标上得分非常高，30 个国家中有 12 个国家达到了最大值（1）。此外，在 1998 年到 2005 年和 2008 年，大多数国家在简化法规和规程方面的努力都显著增加。30 个国家该指标的平均值从 1998 年的 50% 增加到 2005 年的 68% 和 2008 年的 82%。

4.4.4 经合组织国家之间的信任

公民的信任度是通过一个单项指标来衡量的，该指标表明公民对其国家政府的信心。如前文所述，信任在很大程度上表明了对政府绩效的整体评价。经合组织报告（2015）参考了 2014 年盖洛普世界民意调查（Gallup World Poll）收集的数据。这一衡量标准远非完美，因为它基于一个单一的问题。此外，它无法区分政客和官僚机构，也无法识别可能导致公民信任或不信任政府的政府行为。国家之间及不同时期的信任指数也存在明显差异。通常，新的或不稳定的民主国家在信任指标上得分较低。尽管如此，民主稳定的日本和美国的得分也相对较低（分别为 17% 和 35%）。2007~2014 年，平均而言，经合组织国家的公民信任从 45.2% 下降到 41.8%。在此期间，下降幅度较大的是斯洛文尼亚（下降 30%）、芬兰（下降 29%）、西班牙（下降 27%）和葡萄牙（下降 22%）。然而，同期一些国家的信任度有所提高，特别是德国（增加 25%）、以色列（增加 22%）和冰岛（增加 22%）。

综上可知，公民对其政府的信任度平均而言相对较低，并且多年来发生了重大变化。这一发现意味着，尽管该指标基于一个问题，但它似乎确实反映了与信任相关的各个方面，以及对信任的各种影响。

4.5 经合组织国家的绩效管理、管理质量和政府绩效：实证分析

4.5.1 数据分析

表 4.1 列出了研究变量的均值、标准差和相关系数。我们对相关变量进行了

路径分析，以确定前面提出的几组假设之间的顺序关系。通过 AMOS 软件的结构方程模型（SEM）进行因素，这也使我们能够比较几个解释模型并通过测试进行调解。

表 4.1　研究变量的多重相关矩阵和描述性统计

	值域	平均值（SD）	1	2	3	4	5
1. 绩效管理（PM）	百分比	0.55（0.13）					
2. 管理质量和政府效能（MQGE）	百分比	0.67（0.13）	0.41**				
3. 分权（DC）	百分比	0.64（0.10）	NS	NS			
4. 资源可用性（RA）	百分比	0.23（0.05）	NS	0.37*	0.45*		
5. 协调举措（COOR）	百分比	0.81（0.22）	NS	NS	NS	NS	
6. 政府可信度（TRUST）	百分比	0.42（0.14）	NS	0.58*	NS	NS	NS

注：NS 表示无显著差异；＊表示 $p \leq 0.05$，＊＊表示 $p \leq 0.01$。

4.5.2　主要发现

表 4.1 显示，平均而言，所研究的国家均采用了中等程度的绩效管理实践（均值＝0.55，以百分比计，标准差＝0.13），采取了更密集的权力下放（均值＝0.64，标准差＝0.10）和协调举措（均值＝0.81，标准差＝0.22）。这三个变量表明，在 2008~2011 年期间，所研究的国家实施了结构改革，并在中高等程度上修订了管理实践和做法。然而，政府在可用资源方面的投入相对较低（均值＝0.23，标准差＝0.05）。平均而言，2012 年，被研究国家的管理质量和政府效能都达到了较高水平（均值＝0.67，标准差＝0.13）。然而，在 2014 年，被调查国家的公民对国家政府的平均信任度低于 50%（均值＝0.42；标准差＝0.14）。

表 4.1 中的相关矩阵表明，绩效管理仅与管理质量和政府效能相关（相关系数 $r=0.41$，检验值 $p=0.01$），这与我们的假设一致。换句话说，绩效管理机制中包含的输入和活动与输出相关，但与信任等结果无关。公民信任也仅与管理质量和政府效能相关（$r=0.58$，$p=0.05$），这意味着后一个变量可能以某种方式

将绩效管理和公民信任联系起来。权力下放、管理质量和政府效能也与资源可用性相关（r＝0.37，p＝0.05），而资源可用性与权力下放过程相关（r＝0.45，p＝0.05）。

为了进一步检验研究假设，将前面提出的五个理论假设之间的经验关系纳入一个框架内，我们使用了由 AMOS 软件创建的结构方程模型（SEM）。图4.2说明了实证结果和变量之间的关系。实证模型仅支持部分假设。例如，它边缘化了诸如协调举措和权力下放等结构性变化在解释管理质量和政府效能及公民信任方面的作用。路径模型的拟合效果良好。该模型的 χ^2＝3.96，具有5个自由度（检验值 p＝0.556），卡方自由度比值 CMIN/DF＝0.792（其中 CMIN 表示卡方值；DF 表示自由度），标准化拟合指数 NFI＝0.893，估计均方根误差 RMSEA＝0.000 ［90%置信界限（CL）0.000，0.2］，比较拟合指数 CFI＝1.000，Tucker-Lewis 指数 TLI＝1.142。

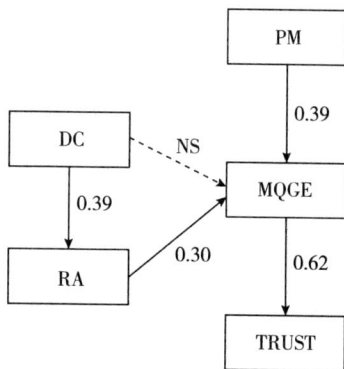

图4.2　研究发现

经验模型描绘了一个相对简单的情景，其中 PM 与 MQGE 相关（β＝0.39，p<0.004），MQGE 与 TRUST 相关（β＝0.62，p<0.000）。这些发现分别支持假设1和假设5。该模型还显示 COOR 与 MQGE 或其他变量没有任何有意义的关系，这意味着不支持假设4。这个结果很有趣，因为被研究国家的政府似乎在协

调举措上投入了大量资金。然而，这种努力并没有体现在产出或成果的改善上。

经验模型还表明，DC 和 RA 与 MQGE 相关，但与 TRUST 无关。RA 和 MQGE 之间存在直接关系（$\beta = 0.30$，$p < 0.05$），支持假设 3。然而，模型显示 DC 和 MQGE 之间的直接关系并不显著，这意味着不支持假设 2。DC 和 RA 相互关联（$\beta = 0.39$，$p < 0.012$），这意味着 DC 和 MQGE 以 RA 为中介相互关联。为了验证这一论点，我们建立了一个直接 SEM 模型，假设 DC 和 MQGE 之间存在直接影响。图 4.3 中的结果表明，当 RA 不参与这些关系时，DC 和 MQGE 之间存在显著的直接关系（$\beta = 0.29$，$p < 0.05$）（见表 4.2）。图 4.2 和图 4.3 中的模型比较表明，当增加 RA 和 MQGE 之间的关系时，DC 和 MQGE 之间的关系变得微不足道。这一分析证明了我们的论点，即 RA 调解了 DC 和 MQGE 之间的关系。

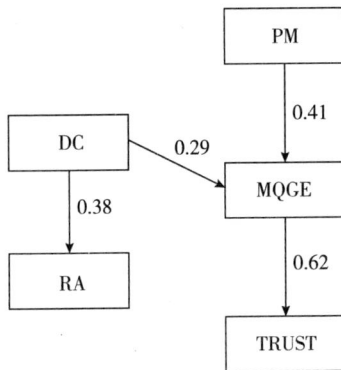

图 4.3　假设 DC 和 MQGE 之间有直接关系的直接模型

表 4.2　SEM 模型比较

SEM 模型	χ^2	CMIN/DF	NFI	RMSEA（CL）	CFI	TLI
研究发现（图 4.2）	3.96 df = 5 （p = 0.556）	0.792	0.893	0.000 （0.000；0.2）	1.000	1.142
假设 DC 和 MQGE 之间有直接关系的直接模型（图 4.3）	7.04 df = 6 （p = 0.317）	1.173	0.810	0.068 （0.000；0.232）	0.953	0.883

因此，研究结果支持了我们研究模型的核心思想，即输入和活动影响产出，进而影响结果。绩效管理机制和活动旨在创造结构性变化，主要影响管理质量和政府效能，然后逐渐影响公民信任。公民信任水平可能也反映了对政府服务质量的主观评价，以及对政府良好行为和意图的信心，我们可以将我们的发现应用于一系列广泛的结果，而不仅仅是公民信任。

4.6 综合分析

本章探讨了国家政府采用的绩效管理实践是否及如何与其旨在实现的具体结果相关联，特别是提高政府效能和绩效方面。我们使用经合组织等国际组织收集的数据，通过量化的跨国比较，可得出一般的见解。

这些比较的结果表明，2008～2011 年实施的绩效管理实践与 2012 年衡量的管理质量和政府效能正相关，而这些改进与 2014 年衡量的公民信任正相关。协调举措与任何研究变量均无关。人力资源管理的权力下放和资源可用性通过调解与管理质量和政府效能呈正相关，但与绩效管理实践无关。

从广义上讲，这种探索试图评估针对绩效管理机制和其他与新公共管理方法相关的结构改革的评论。有许多迹象表明，绩效管理机制在未正确规划或使用时会导致组织失败（Gerrish，2016）。还有证据表明绩效管理机制并没有显著改善公共部门的绩效（Hvidman and Andersen，2013；Rosenfeld et al.，2005）。同样，涉及结构性变化（如权力下放、协调举措和资源可用性）的新公共管理改革也因造成重大失败而受到批评（Bouckaert and Halligan，2008；Pollitt and Bouckaert，2010）。围绕这些问题的辩论是激烈而活跃的，但显然离最终的结论还很远。

这项研究表明，当我们通过定量比较（一种在文献中很少采用的方法）在国家政府层面考虑这些过程时，关于绩效管理和结构改革对产出和结果的影响好坏参半。我们分析的核心结果是，绩效管理可能对提高管理质量和政府效能有效，从而有助于提高公民对政府的信任。没有一个输入变量与结果变量（即公民信任）直接相关，而只是通过输出变量间接相关。此外，虽然绩效管理机制显然对管理质量和政府效能有影响，但权力下放、协调举措和资源可用性等其他结构性变化要么不会影响产出和成果，要么只会产生间接影响。特别是，被认为是新公共管理改革的重要组成部分的权力下放，以资源可用性为中介间接地与管理质量和政府效能相关。

我们的核心结果将注意力集中在管理质量和政府效能上，这既是绩效管理和其他结构改革应实现的主要目标，也是公共部门绩效的主要决定因素。管理质量和政府效能主要反映个人的能力和技能，绩效管理和其他结构改革使有才能的管理者能够锻炼他们的能力和技能，并让其他人提高他们的能力和技能。然而，拥有足够的工具来执行任务并证明有效的高素质管理者不一定会产生类似的组织或宏观经济结果，因为他们每个人对现实、目标和实现目标的方式的理解可能与其他人的理解不同，甚至有可能在他们所相信的核心价值观上有所不同。事实上，我们期望享有相当大的自主权的高素质管理者提出他们对公共利益的看法，并在这些方面具有创造性（Moynihan，2008）。因此，我们可以预期，这种输入和输出链将始终影响公民对政府的看法，以及他们对政府长期服务于公共利益的信心。我们的研究表明，这个逻辑确实成立。

这一分析表明，绩效管理机制主要在于促进管理流程和组织文化，强调领导力、问责制、规划、评估、透明度和良好行为，以及专业精神和管理自主权。这意味着绩效管理和其他结构性变化仅通过行为变量的中介作用来影响结构性结果，而行为变量基本上强调主观解释。因此，我们应该非常谨慎，不要期望这些变化会带来具体的共同组织结果，如效率或利润，因为这些机制不一定是为了实现这些结果而设计的。

这项研究提供了一些见解，但也有一些局限性。第一，要依赖他人的数据集，这意味着我们必须根据现有的衡量标准来调整我们的变量定义。由于数据集相对丰富，这些适应不会明显限制我们的结果。第二，一些衡量标准基于特定国家公职人员的报告，可能存在偏见。然而，对于大多数数据集来说，存在复杂的验证过程，其方法更加可靠。第三，一些国家特有的变量（如经济和社会人口状况）会影响研究变量之间的关系。其中有些变量被整合到我们的变量中（如在考虑国家 GDP 的资源可用性的情况下）。其他变量，如教育、社会资本和文化取向，只能在总体水平上使用其均值来衡量，这些均值为我们的目的提供的信息微乎其微。

本章以多种方式为绩效管理研究做出了贡献。第一，我们提出了一个大规模的、跨国的、定量的分析，描述了一种普遍的情况，并允许我们进行概括和泛化。第二，我们建立了绩效管理、管理质量和政府效能之间的关系。第三，我们证明绩效管理实践仅通过提高管理和制度质量间接地影响公民对公共部门成果的信任。这一结果及这些影响持续数年的事实，使得改革容易受到利益相关者的歪曲和偏见的影响。第四，权力下放只是间接参与这些相互作用的动态变化，所以不应过分强调权力下放的重要性。第五，我们支持结构变化影响行为进而影响组织绩效的说法。因此，在规划改革时，应仔细关注动机、激励、解释和学习等行为因素。这一重点将指导我们在接下来的章节中构建规划、实施和解释绩效管理改革和机制的框架。

4.7 总结

本章探讨了国家政府采用的绩效管理实践做法是否及如何与其旨在实现的具体成果相关联，特别是提高政府效能和绩效。我们创建了一种方法，提出绩效管理机制主要影响管理质量，从而使中层和基层官僚感到被授权。然后，这些改进转化为政府部门和公共组织的更高效能和更好的绩效。该研究模式基于战略管理的核心思想，即输入和活动产生输出，输出产生结果。我们质疑资源可用性、权力下放和协调举措等结构性变量是否，以及在多大程度上在这些相互作用的动态变化中发挥重要作用。我们的目标是确定在设计绩效管理机制及这两组变量之间的相互作用时，结构参数还是个体参数应该是主要焦点。

我们的研究发现了支持我们研究模型的核心思想，即输入和活动影响产出，然后影响结果。旨在创造结构性变化的绩效管理机制和活动主要影响的是管理质量和政府效能，然后逐渐影响信任。由于信任水平可能也反映了对政府服务质量的主观评价，以及对政府良好行为和意图的信心，可以将我们的发现应用于广泛的结果，而不仅仅是信任。我们得出结论，在规划改革时，应该密切关注动机、激励、解释和学习等行为因素。

4.8 从业者要点

关于绩效管理和结构改革对产出和成果的影响，我们的研究发现结果好坏参半。我们的核心分析结果是，绩效管理可能有效提高管理质量和政府效能，从而有助于提高公民对政府的信任。其他结构性变化，如权力下放、协调举措和资源可用性，要么对产出和成果没有影响，要么仅具有间接影响。特别是，被认为是新公共管理改革的重要组成部分的权力下放，以资源可用性为中介间接地与管理质量和政府效能相关。在实践中，我们应该谨慎地推进这些方向的改革。

我们的核心结果将注意力集中在管理质量和政府效能上，这既是绩效管理和其他结构改革应实现的主要目标，也是公共部门绩效的主要决定因素。管理质量和政府效能主要反映个人的能力和技能，绩效管理和其他结构性改革使有才能的管理者能够得以锻炼，并让其他人提高其自身的能力和技能。然而，拥有足够的工具、方法来执行任务并证明有效的高素质管理者不一定会产生类似的组织或宏观经济结果，因为他们每个人对现实、目标和实现目标的方式的理解可能不同于他人。他们甚至可能在他们所拥有的核心价值观上有所不同。事实上，我们期望享有相当大自主权的高素质管理者提出他们对公共利益的看法，并在这些方面具有创造性。因此，我们可以预期，这种输入和输出链将始终影响公民对政府的看法，以及他们对政府长期服务于公共利益的信心。

这一分析表明，绩效管理机制主要促进管理流程和组织文化，强调领导力、问责制、规划、评估、透明度和良好行为，以及专业精神和管理自主权。因此，我们应该非常小心，不要期望这些变化会产生特定的共同组织结果，如效率或利润，因为这些机制不一定是为了实现它们而设计的。

参考文献

［1］Afonso, A., Achuknechti, L., & Tanzi, V. (2005). Public sector efficiency: An international comparison. Public Choice, 123, 321–347.

［2］Aghion, P., & Tirole, J. (1997). Formal and real authority in organizations. Journal of Political Economy, 105, 1–29.

［3］Andersen, B., Henriksen, B., & Spjelkavik, I. (2008). Benchmarking applications in public-sector principal-agent relationships. Benchmarking: An International Journal, 15 (6), 723–741.

［4］Bolton, P., & Dewatripoint, M. (1994). The firm as a communication network. Quarterly Journal of Economics, 109, 809–839.

［5］Bouckaert, G., & Halligan, J. (2008). Managing performance: International comparisons. New York: Routledge.

［6］Bouckaert, G., & Van de Walle, S. (2003). Quality of public service delivery and trust in government. In A. Salminen (Ed.), Governing networks: EGPA yearbook. Amsterdam: IOS Press.

［7］Bouckaert, G., Van de Walle, S., Maddens, B., & Kampen, J. K. (2002). Identity vs. performance: An overview of theories explaining trust in government. Second Report, Public Management Institute, Leuven.

[8] Bouckaert, G., Peters, G., & Verhoest, K. (2010). The coordination of public sector organizations. London, UK: Palgrave Macmillan.

[9] Caiden, G., & Caiden, N. (2002). Toward more democratic governance: Modernizing the administrative state in Australia, Canada, the United Kingdom, and the United States. In E. Vigoda (Ed.), Public administration: An interdisciplinary critical analysis. New York: Marcel Dekker.

[10] Christen, M., Iyer, G., & Soberman, D. (2006). Job satisfaction, job performance and effort: A reexamination using agency theory. Journal of Marketing, 70 (1), 137-150.

[11] Citrin, J., & Muste, C. (1999). Trust in government. In J. P. Robinson, P. R. Shaver, & L. S. Wrightsman (Eds.), Measures of political attitudes. San Diego, CA: Academic Press.

[12] Coulson, A. (1998). Trust and contract in public sector management. In A. Coulson (Ed.), Trust and contracts: Relationships in local government, health and public services. Bristol, UK: Policy Press.

[13] Deci, E. L., Koestner, R., & Ryan, R. M. (1999). A meta-analytic review of experiments examining the effects of extrinsic rewards on intrinsic motivation. Psychological Bulletin, 125, 627-668.

[14] DeLeon, L. (1996). Ethics and entrepreneurship. Policy Studies Journal, 24 (3), 495-510.

[15] Dietrichson, J. (2013). Coordination incentives, performance measurement and resource allocation in public sector organizations. Department of Economics, Lund University, Working Paper 2013: 26. http://project. nek. lu. se/publica tions/ workpap/papers/WP13_26. pdf. Accessed 12 April 2015.

[16] Faure-Grimaud, A., Laffont, J. J., & Martimort, D. (2003). Collusion, delegation and supervision with soft information. Review of Economic Studies,

70，253-279.

[17] Gerrish, E. (2016) . The impact of performance management on perform-ance in public organizations： A meta – analysis. Public Administration Review, 76 (1), 48-66.

[18] Hardin, R. (2006) . Trust. Cambridge： Polity Press.

[19] Hart, D. K. , & Grant, N. K. (1989) . A partnership in virtue among all citizens： The public service and civic humanism. Public Administration Review, 49, 101-107.

[20] Heinrich, C. J. (2007) . False or fitting recognition? The use of high per-formance bonuses in motivating organizational achievements. Journal of Policy Analysis and Management, 26, 281-304.

[21] Heinrich, C. J. , & Marschke, G. (2010) . Incentives and their dynamics in public sector performance management systems. Journal of Policy Analysis and Man-agement, 29 (1), 183-208.

[22] Holzer, M. (1989) . Public service： Present problems, future pros-pects. International Journal of Public Administration, 12, 585-593.

[23] Holzer, M. , Mullins, L. B. , Ferreira, M. , & Hoontis, P. (2016) . Implementing performance budgeting at the state level： Lessons learned from New Jersey. International Journal of Public Administration, 39 (2), 95-106.

[24] Hvidman, U. , & Andersen, S. C. (2013) . The impact of performance management in public and private organizations. Journal of Public Administration Re-search and Theory, 24, 35-58.

[25] Jones, G. , & Potrafke, N. (2014) . Human capital and national institu-tional quality： Are TIMSS, PISA, and National Average IQ robust predictors? CESIFO Working Paper No. 4790.

[26] Kaufmann, D. , Kraay, A. , & Mastruzzi, M. (2009) . Governance mat-ters VIII： Aggregate and individual governance indicators 1996-2008. Policy Research

Working Paper 4978, The World Bank.

[27] Luhmann, N. (1988). Familiarity, confidence, trust: Problems and alternatives. In D. Gambetta (Ed.), Trust: Making and breaking of cooperative relations. Oxford: Blackwell.

[28] Lui, T. T., & Cooper, T. L. (1997). Values in fiux: Administrative ethics and the Hong Kong public servant. Administration and Society, 29, 301-324.

[29] Mookherjee, D., & Tsumagari, M. (2014). Mechanism design with communication constraints. Journal of Political Economy, 122, 1094-1129.

[30] Moynihan, D. P. (2008). The dynamics of performance management constructing information and reform. Washington, DC: Georgetown University Press.

[31] OECD. (2007). Government at a glance. http://www.oecd.org/newsroom/38528123. pdf. Accessed 15 February 2016.

[32] OECD. (2009). Government at a glance. http://www.oecd-ilibrary.org/docser ver/download/4209151e. pdf? expires = 1476352217&id = id&accname = guest& checksum = 4BA1ADCD4B051F75CB8A9E7F98343BBD. Accessed 15 February2016.

[33] OECD. (2011). Government at a glance. http://www.oecd-ilibrary.org/docserver/download/4211011e. pdf? expires = 1476352829&id = id&accname = guest& check sum = 3CA13E116A3BE3A499A6F89622F32AEB. Accessed 15 February2016.

[34] OECD. (2013). Government at a glance. http://www.oecd-ilibrary.org/docser ver/download/4213201e. pdf? expires = 1476352769&id = id&accname = guest& checksum = A2F3B05BC2F054481949FC65AD8BD385. Accessed 15 February2016.

[35] OECD. (2015). Government at a glance. http://www.oecd-ilibrary.org/docser ver/download/4215081e. pdf? expires = 1476352897&id = id&accname = guest& checksum = 9E6A2E21E5FC89A603AF5147CD569509. Accessed 15 February2016.

[36] Peters, G. B. (1998). Managing horizontal government: The politics of coordination. Public Administration, 76, 295-311.

[37] Pollitt, C., & Bouckaert, G. (2010). Public management reform: A

comparative perspective. Oxford: Oxford University Press.

［38］Pressman, J. L., & Wildavsky, A. (1984). Implementation (2nd ed.). Berkeley: University of California Press.

［39］Rhoades, L., & Eisenberger, R. (2002). Perceived organizational support: A review of the literature. Journal of Applied Psychology, 87, 698–714.

［40］Richardson, W. D., & Nigro, L. G. (1991). The constitution and administrative ethics in America. Administration and Society, 23, 275–287.

［41］Roider, A. (2003). Delegation of authority as an optimal (in) complete contract. University of Bonn Discussion Paper.

［42］Rosenfeld, R., Fornango, R., & Baumer, E. (2005). Did ceasefire, CompStat, and exile reduce homicide? Criminology and Public Policy, 4 (3), 419–449.

［43］Rothstein, B. (2011). The quality of government: Corruption, social trust, and inequality in international perspective. Chicago: The University of Chicago Press.

［44］Schall, E. (1997). Public–sector succession: A strategic approach to sustaining innovation. Public Administration Review, 57, 4–10.

［45］Segal, I. (2001). Communication complexity and coordination by authority. University of California, Berkeley. Mimeo.

［46］Seidman, H. B. (1998). Politics, power and position: The dynamics of federal organizations. New York: Oxford University Press.

［47］Sirmon, D., Hitt, M. A., & Ireland, R. D. (2007). Managing firm resources in dynamic environments to create value: Looking inside the black box. Academy of Management Review, 84 (1), 123–136.

［48］Staats, E. B. (1988). Public service and public interest. Public Administration Review, 48, 601–605.

［49］Stiglitz, J., Sen, A., & Fitoussi, J.–P. (2009). The measurement of economic performance and social progress revisited. OFCE, Paris. www. stiglitz－sen-fitoussi. fr/documents/overview－eng. pdf. Accessed18 October 2015.

［50］Thomas, P. P. , & Palfrey, C. C. (1996) . Evaluation: Stakeholder－focused criteria. Social Policy and Administration, 30, 125－142.

［51］Winkler, F. (1987) . Consumerism in health care: Beyond the supermarket model. Policy and Politics, 15, 1－8.

［52］Worldwide Governance Indicators (WGI) Research Project. (2013) . The World Bank. http://info. worldbank. org/governance/wgi/index. aspx#home. Accessed 17 November 2015.

5 使用层次分析法的公共部门战略绩效管理框架

5.1 实现战略绩效管理

绩效管理体制旨在通过与公众、利益相关者、公众代表协商，以及在战略规划阶段对外部环境进行分析并从环境中获取信息。这个过程产生了多种类别的信息，如战略目标、目的、绩效衡量标准和目标（Moynihan，2008）。规划和实施绩效管理机制的过程类似于战略管理的核心理念（Behn，2001，2003；Bouckaert and Halligan，2008；Moynihan，2009）。根据组织的愿景和总体战略，设定期望结果，并在规划的过程中规划可能导致这些结果的输出。然后，确定可能导致这些输出所需要的输入和活动。在此过程的每个阶段，我们都会制定目标、指标和措施。因此，绩效管理可以看作是战略管理，对这种机制的规划就是战略规划。

许多研究表明，公共组织的管理者对战略管理采取狭隘的观点，如关键绩效指标、平衡计分卡、基准测试和精益管理等均过分强调绩效衡量而不是绩效管理（Arnaboldi et al.，2015；Broadbent and Laughlin，2009）。这些举措与遵循最新管理潮流和时尚的经典现象产生了共鸣（Abrahamson，1996）。现有的绩效管理体制侧重于衡量和激励，自上而下的机制将利益相关者和工人排除在外，缺乏对公共组织运作的复杂环境的参考（Arnaboldi et al.，2015；Broadbent and Laughlin，2009；Moynihan，2008）。因此，公共服务组织中的绩效管理体制通常会产生负面影响，破坏员工的积极性、士气和行为（Arnaboldi et al.，2015；Diefenbach，2009）。本章所阐述的框架试图克服这些缺陷。

事实上，正如前几章所解释的那样，绩效管理方法已经面临严重的批评和反对（Behn，2003；Hood，2006；Moynihan，2008，2009）。批评者强调在设定目标、衡量公共组织绩效和有效使用收集到的数据方面的困难。最近的研究特别关注了绩效管理体制参与者所采用的博弈策略，以及影响绩效信息使用的程度和因素（Bevan and Hood，2006；Courty and Marschke，2004；Heinrich，2007；Hood，2006；Mizrahi and Minchuk，2015，2016；Radnor，2008）。公共部门的管理人员很少使用绩效信息来实际提高绩效，这通常会加重绩效管理体制的失灵（Moynihan，2008）。一系列试图解释影响使用绩效信息的因素的研究表明，改革型领导对结果的承诺、主管领导的学习惯例、任务的激励性质、将措施与行动联系起来的能力、绩效信息的可用性、组织文化及其管理的灵活性都非常重要（Ammons and Rivenbark，2008；Moynihan，2008；Moynihan and Lavertu，2011；Moynihan and Pandey，2010；Moynihan et al.，2011b）。

本章介绍了一种决策工具，用于规划绩效管理体制，以解决现有体制中存在的问题和缺陷。该框架基于两个主要原则：第一，我们描述了一种方法，管理人员可以通过该方法决定目标、绩效指标和技术绩效的衡量标准，最大限度地减少与体制博弈的能力和动机。这个方法基于层次分析法（Hierarchy Process，AHP），通常用于对需要主观（专家）比较的多标准备选方案进行分级（Saaty，1990）。在我们的研究中，这种方法通过为每个组成部分分配权重来对组织活动中每个组成部分的相对重要性进行排名。该方法整合了各种控制措施，导致对主观目标设定和绩效评估难以进行操纵。

第二，该框架建议将组织员工整合到绩效管理体制中，将他们视为角色专家参与设定目标、分配绩效指标和衡量标准及评估其角色的有效性。按照前面提到的研究，我们认为这种参与机制有助于最大限度地减少使用博弈策略的动机，并增加使用绩效信息来提高绩效的可能性。因此，本章描述的框架提供了一种决策工具，用于规划绩效管理体制，最大限度地减少博弈策略，鼓励使用绩效信息，并促进鼓励合作学习的组织文化。

更具体地说，我们提出的框架产生了一个三个层级的决策程序。在第一层级，对组织活动进行计划和布局，并评估每个活动在组织活动给定维度内的相对重要性。在第二层级，计算组织活动中每个维度的相对重要性。基于这两个阶段，管理人员可以规划绩效管理体制，这意味着他们可以决定应该评估哪些活动，以及组织中每项活动应该赋予的相对权重。在一定程度上，通过这个过程，组织的目标也被审视和重新评估。在第三层级，我们通过给活动的重要性分配权重来对衡量技术进行评估。这种方法还允许我们汇总所有绩效部分以形成战略绩效管理方法。此外，鉴于第一阶段是基于员工对其角色定义和分配资源的评估，此处开发的框架也有助于改革组织结构。

为了证明总体框架及其实证适用性，我们开发了评估地方政府内部审计绩效的决策工具。在这种情况下，绩效很重要，因为它表明了政治和官僚机构如何看待和对待公共政策和决策过程。在我们的研究中，首先需要确定每个职能的主要组成部分。然后，我们使用层次分析法，通过为每个组成部分分配权重来对审计报告中每个组成部分的相对重要性进行排名。最后，我们将这种方法应用于地方政府职能，以说明该框架对公共组织的适用性。

5.2 公共部门的绩效管理和层次分析法

5.2.1 公共部门绩效管理的规划和使用

近几十年来，绩效问题在公共管理中占据了突出地位（Moynihan，2008）。

Behn（2003）讨论了一些目标，这些目标可以指导管理者将绩效指标整合到他们的组织中，包括控制、学习、改进、庆祝成功和处罚。由于公共服务的复杂性，公共组织经常充斥着各种各样的绩效衡量标准和报告技术（Hood，2006）。Radnor和Barnes（2007）建议区分与绩效概念相关的三种活动：衡量、报告和管理。绩效衡量标准是指对事件或过程的输入、输出、结果或活动水平的数量或质量的评估。绩效报告需要对事件或过程的输入、活动、输出或结果的水平级别进行说明，通常是针对某一目标进行分析。绩效管理是指基于绩效衡量标准和报告，改善行为、动机和流程并促进创新。

尽管存在这三种活动领域，但许多研究表明，公共组织倾向于关注衡量阶段，较少关注报告阶段，并且通常将管理的最后阶段边缘化（Hood，2006；Moynihan，2008，2009；Pollitt，2006；Radnor，2008）。换句话说，在第一阶段积累的绩效信息通常不会被用于下一个阶段的改进和学习，从而使绩效管理体制容易受到重大批评。本章详述的框架通过创造有利于组织学习和组织文化转型的条件来解决这个问题。

有多种因素（如结构性的、政治性的和个人的因素）可以解释管理者使用绩效信息的程度（Ammons and Rivenbark，2008；Moynihan，2008；Moynihan and Lavertu，2011；Moynihan and Pandey，2010；Moynihan et al.，2011a）。抑制阻碍管理者使用绩效信息动机的一个主要因素是绩效信息系统的功能失调和由此产生的博弈行为。这些情况降低了绩效信息的可靠性和可用性，以致于使用绩效信息往往变得毫无意义。然而，毫无疑问，目标设定、绩效衡量和预算分配之间的联系极大地限制了反博弈策略的有效性（Bevan and Hood，2006；Dull，2006）。这篇综述强调了一个事实，即绩效管理策略对组织和治理文化有很大影响。

此外，Eremin等（2010）证明了基于个人在等级制度中的位置而存在的系统性偏见。对于那些设计、实施和使用绩效评估来支持他们的绩效管理体制和整体组织绩效的人来说，这种偏见是一个挑战。Caillier（2010）也表明，角色模糊会对员工的工作绩效产生负面影响，当员工相信使命、目标和管理层的善意时，工作绩效会更好。事实上，在本章中，我们认为将组织的所有级别整合到设定目标和绩效衡量标准的过程中的分散机制可以帮助边缘化博弈策略。该框架是一个基于层次分析法（AHP）的应用，其中员工被视为角色专家。

5.2.2 层次分析法在公共部门中的应用

层次分析法最初是为使用大量标准对备选方案进行排名而开发的（Saaty，1978，1990）。当无法收集成本效益分析所需的所有定量数据时，该方法根据专家的意见，对备选方案进行主观比较。排名和比较可以在规范的基础上进行，由研究人员设定备选方案和排名的参数，如 Alphonce（1997）、Tiwari 等（1999）、Duke 和 Aull-Hyde（2002）就采用了这一做法。或者也可以通过给内容专家分发问卷来完成，如 Barrittella 等（2007）依据九位专家的意见评估了六项旨在减少交通对气候变化影响的政策。因此，这种方法允许我们根据预先定义的排名等级来对比专家的意见。基本等级排名包括 1、3、5、7 和 9。例如，在对备选方案 A 和 B 的优先级进行排序时，该排名等级应理解为：1 = A 和 B 同等重要，3 = A 在小范围内比 B 优先，5 = A 在大范围内比 B 优先，7 = A 在很大范围内比 B 优先，9 = A 明显比 B 优先。

在过去的研究中，通过使用原始数据的输入和结果对绩效衡量进行大量研究。当讨论在此类研究中使用层次分析法时，Fu 和 Lin（2009）认为，审查人员通常通过对所有绩效标准使用相同的权重来评估项目绩效，大多数研究没有考虑各种绩效标准的重要性程度。事实上，每个项目都应该通过对每个绩效标准应用独特的权重来进行评估。然而，很少有研究通过回顾相关文献来研究绩效标准的重要性。为了准确无误地检查项目绩效，Fu 和 Lin（2009）研究了绩效标准在评估国家能源项目中的重要性和优先级。他们指出，尽管绩效标准的重要性因能源专家所在的具体领域而有所不同，但研究结果可以为寻求评估未来能源项目绩效的政府提供有价值的参考。

层次分析法（AHP）是使用最广泛的多准则决策工具，已广泛传播并应用于不同领域。Vaidya 和 Kumar（2006）引用了 150 篇相关文献，并将其分类为个人、社会、制造、政治、工程、教育、工业和政府等领域。Saaty 和 Vargas

（2001）还讨论了层次分析法在经济、营销和技术等领域的应用。Vaidya 和 Kumar（2006）将这些工作按照目标对层次分析法的不同用途进一步进行交叉归类，如从多标准备选方案中选择首选备选方案，评估多标准备选方案，分析项目的成本效益比，在规划和开发、决策和预测中做出分配决策，以及仅用于设置优先级和排名标准。开发该程序的 Saaty 早在 1978 年的第一份工作中就建议使用层次分析法来评估公共部门的绩效。事实上，他本人将层次分析法应用于他所研究的各个领域（Saaty，1978；Saaty and Cho，2001；Saaty and Vargas，1982，2001）。该方法还被用于解决公共部门与城市规划和经济问题相关的问题机制（Saaty，1994；Vargas，1990），不仅考虑货币回报、时间和劳动力成本，而且还考虑社会福利的无形因素（如满意度、稳定性和寿命）的预算分配（Saaty et al.，2003）。沿着这些方向进行的许多其他研究也使用了层次分析法。

来自不同学科的研究人员已经认识到层次分析法对改进公共部门政策制定过程的各种贡献。他们建议采用层次分析法的基本版，或将其与其他补充方法相结合。Sato（2007）展示了层次分析法在评估改革过程中的使用，该过程将公共部门的权力下放给私营或半公共部门作为政府—私营部门志愿者伙伴关系趋势的一部分，该伙伴关系试图为当地提供更有效的公共服务。在这项研究中，地方政府的执行人员评估了替代部门，并评估了地方政府的 266 个项目，确定这 266 个项目中的每个项目分别在哪三个部门进行管理最好。这一过程为公共部门的改革提供了合理的基础。

通过上述层次分析法理论、实证和实践项目的简短回顾，可以清楚地说明如何使用层次分析法分析多标准问题并简化复杂情况下的决策。与以前的工作成果一样，本章从一个新角度出发将层次分析法应用于公共部门，提出了一个框架，该框架广泛使用层次分析法作为公共部门战略绩效管理方法的基础。在这个框架中，层次分析法有助于对任何公共机构活动的重要性进行排序，并确定具体的衡量方法，无论是客户调查、员工自我报告，还是成本效益分析，都应该用来评估组织在每个领域的绩效。

另外，我们的分析在一定程度上偏离了上面讨论的趋势，这说明了层次分析法在公共部门的另一种用途，即作为规划战略管理系统的决策工具，而不是衡量绩效的狭义方法。在这个框架中，我们建议根据组织员工的评估分配相对权重，以便将注意力集中在角色定义和作为组织活动投入的分配资源上。我们相信，这样做可以创建一个战略绩效管理流程，对组织的运营机制和可能的必要改革产生有趣的见解。换句话说，我们使用层次分析法作为建立标准的程序，通过这些标准来评估公共部门给定职位的角色绩效。为了达到这个目的，工人自己充当专家，通过两两比较对评估标准进行排名。此外，层次分析法基于对备选方案的复杂比较，其中受访者可能难以针对特定目的操纵他们的评估，从而最大限度地减少博弈策略的潜力（Bevan and Hood, 2006）。根据特定角色的重要性对其组成部分进行排序，我们可以确定该角色的理想模型，建立评估角色有效性的标准，并衡量执行该特定角色的人的绩效。

5.3   运用层次分析法规划绩效管理体制

在本节中，我们开发了一个使用层次分析法规划绩效管理体制的框架。该框架首先描绘了组织的活动，并确定了应该对绩效进行评估的主要活动领域。下一个阶段涉及收集有关这些领域的信息的优先级，并确定衡量这些领域绩效的具体工具。

5.3.1   一个规划绩效管理体制的完整框架

我们提出的绩效管理体制框架如表 5.1 所示，该框架由八个阶段组成，针对组织员工进行专家调查。第一阶段对给定机构或单位的活动和问题进行映射，以评估其绩效。这种映射可以基于广泛的公共管理文献，特别是与被评估的机构或单位相关的理论和应用文献。在无法使用文献创建此类映射的情况下，可以通过筛选机构的活动来实现详细映射。例如，在研究地方市政当局审计员的表现时，我们发现文献没有为地方当局提供映射（Mizrahi and Ness-Weisman，2007）。因此，我们以类似于内部审计员进行危害调查的方式绘制了当地市政当局的所有活动和部门。审计师的工作包括发现这些领域的缺陷，因此这个过程有助于确定审计师的角色。此阶段的结果是列出绩效管理过程中要研究的主要类别。

表5.1　框架概述

阶段	目的	研究工具	来源/例子	结论
1	描绘要评估有效性的活动和问题	文献综述	文献	主要类别的识别（见附录5.1）
2	创建合理数量的问题，并避免不一致	文献综述	文献	将类别分组为多个元类别（见附录5.1）
3	给类别分配权重	封闭式问卷	问卷调查	参见子阶段
3a	给类别分配权重	缩短问卷	内容专家——10～15名所在行业的专家	指出哪些问题应作为有效性的可靠衡量标准而得到重视，哪些问题贡献微不足道
3b	剔除边缘性类别	基于专业方向对专家进行区分，并剔除被两类专家赋予低权重的类别	内容专家——10～15名机构（单位）所在行业的专家	专家问卷的缩短版本
3c	给类别分配权重	缩短问卷	额外10～15名行业专家，其中一半以社会为导向，一半以经济为导向	专家问卷的缩短版本
3d	根据专业方向剔除边缘性类别	缩短问卷	同3c	基于缩短问卷已验证相对权重
4	给元类别分配权重	针对性问卷	额外10～15名行业专家	
5	识别用于衡量给定活动（过程）有效性的特定工具	文献综述	文献	确定每个类别的主要衡量工具
6	为衡量工具分配权重	针对性问卷（层次分析法）	额外10～15名行业专家，其中一半以社会为导向，一半以经济为导向	每种衡量工具的相对权重
7	给每个类别选择一组组合的测量工具	成本效益分析	前期阶段创建的相对权重列表	每种类别的衡量工具
8	评估机构（单位）的有效性	将测量工具应用于类别，并根据相对权重计算出比率	文件、调查、访谈	机构（单位）的有效性

第二阶段为专家调查问卷创建合理数量的问题。这一过程也是基于文献。其结果是几个元类别中的类别组。在前面提到的示例中，我们将 39 类活动（和缺陷）分为 5 个元类别：政策制定、规划、预算、人力资源、操作和库存（见附录5.1）。如果不将 39 个类别分为 5 个元类别，则会有 703 个以问题形式表达的比较，这会使问卷很难理解。

该框架的第三阶段通过给类别分配权重来确定其优先级。在这个阶段，我们应用了最初为使用大量标准对备选方案进行排名而开发的层次分析法（Saaty，1990）。如前文所述，排名的基本等级包括 1、3、5、7 和 9。基于给定的排名，相对权重的计算方法是这样的：我们先比较每一对类别，以计算其中一个类别（如类别 A）与另一个类别（如类别 B）的相对重要性。为了进行此计算，我们使用等式 $w_i = s_i / \sum s_i$，其中，w_i 是类别 i 相对于 s_i（归一化）的权重，s_i 是所有受访者对每对比较给出的平均排名的几何平均值。同样的计算方法也被用于对每个元类别的相对重要性的权重进行计算。

为了应用这些计算，我们需要构建一个封闭式的调查问卷（见附录 5.2）。但是，问卷可能会很长（如前面提到的示例中有 181 个比较/问题），这可能会导致较差的响应率。为了提高响应率，应该将问卷分为多个子阶段进行管理。

在 3a 阶段，将应用层次分析法的所有类别的完整问卷分发给该组织员工中的 10~15 名内容专家。我们还应该收集有关他们的教育和专业的数据，具体而言，应该区分他们是以公平、资源平等分配和正义等价值观为指导（以下简称以社会为导向），还是主要受效率、功效和效能等价值观的指导（以下简称以经济为导向）。我们预计这些规范性取向可能会使受访者的评价产生偏差，因此提出了控制这种偏差的方法。这一轮的结果表明，哪些问题应该作为可靠的绩效衡量标准而被赋予很高的权重，而哪些问题贡献不大应该被赋予比较低的权重。在第3b 阶段，我们应用稍后介绍的技术，将一些不重要的衡量标准从问卷中删除，从而缩短问卷（如将前面提到的示例缩短到 45 个比较/问题）。此外，在这个子阶段，我们还根据教育和专业对专家进行区分。根据区分结果剔除那些被经济导向和社会导向专家同时赋予低权重的类别。

在 3c 阶段，缩短问卷将在机构或单位的更多样本内容专家（25～30 名）中分发。为了控制可能出现的偏差，一半是以社会为导向的专家，另一半是以经济为导向的专家。此阶段的结果是一个类别的相对权重列表。在 3d 阶段，我们可以通过消除每组专家认为不重要的类别来进一步改进该方法。

这个过程使我们能够分配每个类别相对于同一元类别中的其他类别的权重。为了对不同元类别中的类别进行比较，我们需要为每个元类别相对于其他元类别分配一个权重。为此，在第 4 阶段，我们应该再进行一轮调查，在这轮调查中，我们将一份涉及应分配给每个元类别的权重的重点问卷分发给另外 25～30 名内容专家。前四个阶段的结果是一份全面的清单，其中包括在绩效评估中的活动和问题及其相对权重。

该框架中的第 5 阶段到第 7 阶段基本上重复了这个过程，但这次我们将权重分配给衡量方法而不是要衡量的活动或问题。第 5 阶段包括确定用于衡量给定活动或过程绩效的具体方法。这一阶段依赖有关公共部门绩效衡量的大量文献（Holzer and Yang，2004）。在第 6 阶段，我们根据一份重点调查问卷给衡量方法分配权重，该问卷被分发给来自组织内部和外部的 25～30 名衡量方法领域的内容专家，其中一半专家以社会取向为指导，另一半专家以经济取向为指导。在这个阶段，我们还使用稍后将介绍的方法来评估数据的一致性。在分配权重后，我们在第 7 阶段进行成本效益分析，以便为每个类别选择衡量方法的组合。最后，在第 8 阶段，我们将衡量方法应用于各个类别，并根据其相对权重计算每个类别的评价比率，从而对机构或单位的绩效进行评价。评估方法取决于衡量方法的类型，包括文件、报告、调查和访谈。我们应该强调的是层次分析法不是一种适合在任何具体情况下都可以使用的绩效衡量技术，而是在规划战略管理系统方面的一个有用工具。该框架的最终成果是一份报告，该报告按照活动的类别和每个类别的相对重要性来描述机构或单位的绩效。

5.3.2 使用层次分析法分配权重

本章我们将通过参考前面提到的从效能角度对地方政府审计绩效进行衡量的

示例（Mizrahi and Ness-Weisman，2007）来说明如何给一个元类别中的类别进行权重分配。考虑元类别 1，其中包括附录 5.1 中所示的三个类别。在第一阶段，我们根据内容专家的问卷答案计算每个类别的几何平均值。结果为：A = 5.34，B = 4.95，C = 1.04。在下一阶段，我们按照上述方法比较每一对类别，以便为每个类别分配一个相对权重 w_i。表 5.2 列出了这一比较。最后，我们使用公式 $W_i = S_i / \sum S_i$ 计算包含在此元类别中的每个类别的相对权重 w_i。其结果如表 5.2 所示。

表 5.2 显示 A 类（决策领域的调查研究结果和缺陷）的权重为 0.72，这意味着它是审计决策领域的最重要因素。B 类和 C 类的权重均为 0.14。可以对其他元类别及其包含的类别进行类似的计算。

表 5.2 元类别 1 中每对标准之间的比较

	A	B	C	s_i	w_i
A	1.00	5.34	4.95	$(1 \times 5.34 \times 4.95)^{(1/3)} = 2.98$	$2.98/4.13 = 0.72$
B	= 0.191/5.34	1.00	1.04	$(0.19 \times 1 \times 1.04)^{(1/3)} = 0.58$	$0.58/4.13 = 0.14$
C	= 0.21/4.95	= 0.961/1.04	1.00	$(0.2 \times 0.96 \times 1)^{(1/3)} = 0.58$	$0.58/4.13 = 0.14$
				$\sum s_i = 2.98 + 0.58 + 0.58 = 4.14$	1

注：由于此元类别中有三个标准（n=3），则上标（1/3）=（1/n）。

正如框架中 3b 阶段所解释的那样，我们基于这样的计算验证权重，并剔除权重很低的类别。这个过程涉及测试专业取向（如教育和经验）对整个问卷答复的影响。我们将专家按照经济型和社会型进行分类。经济型专家是具有经济、金融和会计方面教育背景和专业经验的专家，而社会型专家是具有社会科学、法律和人文等领域的教育背景和经验的专家。显然，可能还有其他变量，如特定专家与特定参与者的经验或影响专家评估的政治偏见。这些变量非常具体，因此难以衡量，但专业取向则足够普遍，可以进行衡量和比较。由于构成内部审计角色的标准和备选方案在本质上是无形的，因此在比较它们时，专家们往往会有意或无意地倾向于将自己的经验、洞察力和直觉融入到流程中。这些因素的结合实际上被认为是层次分析法的优势之一（Sinuani-Stern et al. , 1995）。

考虑到这一区别，我们重新检查了内容专家使用层次分析法填写的问卷。如果结果显示两组专家对多个领域给出的权重不同，则意味着专家的专业取向可能对不同问题的重要性产生了影响。

验证过程的下一阶段包括剔除给定元类别中权重相对较低的问题。将这些问题从问卷中删除，以减少比较次数，并允许将其分发给包括更多人数的专家组。确定每个类别中的问题被剔除的阈值，通过公式"100 除以类别中的问题数量"进行计算。之所以选择此计算方法，是因为它代表了对所有问题进行均等加权而获得的结果。例如，如果该类别有 10 个问题，则每个问题的等权重为 10%，任何得分低于此阈值的问题都应被淘汰。基于这个阈值确定，我们淘汰了那些被经济型和社会型专家同时分配了低权重的类别，而仅由一组专家（无论是经济型还是社会型）赋予低权重的类别在此阶段将不会被淘汰。

鉴于标准的数量减少，我们建议在该框架中构建一个较短版本的专家问卷，并将其分发给人数更多的专家组，专家组成员在经济型和社会型专家之间平均分配。完成的问卷应通过传递性标准进行检查，不满足此条件的问卷将被淘汰。此外，在被确定为经济型的受访者的问卷中，经济型专家在第一轮中分配的权重较低的类别会被淘汰，社会型的受访者也是如此。因此，我们对每个专业取向都设置不同的类别。在此验证过程之后，使用层次分析法分析剩余的问卷。

如前文所述，层次分析法提供了一种用于衡量和提高问卷中收集的数据的一致性的工具。原则上，随着受访者数量和问卷中问题数量的增加，数据不一致的可能性会增加。然而，情况不一定如此，即使在非常复杂的情况下，我们也可能会发现一致性。为了计算一致性指数（CI），我们用公式 $CI = (\lambda_{max} - n)/(n-1)$，一致性比率（CR）由公式 $CR = CI/RI$ 计算。在我们的例子中，计算结果 $CI = 0.072$ 和 $CR = 0.05$，这意味着一致性良好（$CI < 0.1$）。

前面所描述的复杂的评估和验证过程很有可能会减少绩效管理体制规划中的博弈策略，因为受访者无法确定哪种类型的评估可能符合他们的组织利益。因此，他们很难为了特定目的而操纵他们的答案。为了尽量减少博弈策略的使用，需要这种不确定性（Bevan and Hood，2006；Hood，2006）。这一过程还可以将员工整合到流程中，从而增强学习过程。

5.4 战略规划管理背景下的战略绩效管理框架（平衡计分卡、关键绩效指标）

本节通过将前期开发的战略绩效管理框架的主要组成部分与常用的战略管理方法（尤其是平衡计分卡、关键绩效指标、基准测试和精益管理）进行比较，对该战略绩效管理框架的好处进行评估。我们强调所提出的框架的优势在于将工人（和公民）纳入决策进程，这有助于发展学习型组织。特别要指出的是，使用该框架可以避免公共组织采用传统战略管理方法的缺陷。

5.4.1 公共部门采用平衡计分卡、关键绩效指标、基准测试和精益管理的战略管理——重要回顾

公共部门的一个主要特点是其运作环境的复杂性。如前几章所述，这种复杂性会导致规划、问责制、沟通和实施方面的严重问题（Lapsley and Skaerbaek，2012）。大多数战略管理方法没有足够的工具来处理这种复杂性，导致在公共部门采用战略管理技术存在重大困难（Arnaboldi et al.，2015）。此外，在许多情况下，公共组织实施的绩效管理体制十分拙劣，不适合参与提供服务的关键人员。事实上，这类技术往往不以社会福利为主要目标，忽视多目标方法，采用自上而下的计划和实施方案，注重结果而不是过程，因此未能将工人和公民纳入机制。所有这些缺失的要素对于有效且高效地管理和改革公共部门是必不可少的。

关键绩效指标和基准测试是两种先进的管理技术，具有相似的特征，并且经常一起使用。它们都是为应对公共服务中缺乏商业底线的绩效评估而出现的技术。然而，在公共部门建立一种强调物有所值或效率和效能的管理方法的尝试通常是失败的。因此，无法基于这些概念创建公共部门绩效衡量的全球模式（Arnaboldi et al.，2015）。实际上，制定公共部门底线的尝试已经退化为创建部分绩

效指标（Lapsley and Pong，2000）。这些部分指标的规划方式并未按照政策设计方法的要求将输入、输出和结果逻辑连接起来。此外，通常没有一个绩效指标的层次结构可以对绩效进行清晰的陈述。确定绩效评估的关键绩效指标的决定侧重于可以衡量的内容，而不是捕捉组织绩效的主要方面（Bevan and Hood，2006）。如前文所述，指标之间的逻辑关系和它们之间的层次结构都可以使用本章开发的战略绩效管理框架进行有效规划。

类似的分析也适用于基准测试技术，它将组织的关键绩效指标转换为可比较的等级体系。当一个组织的绩效与其他类似等级的组织进行比较时，如果该组织表现不佳，它将尝试改进以达到其同行的水平（Grace and Fenna，2013）。虽然公共服务组织不参与竞争并因此在原则上愿意共享绩效信息，但它们不一定具有可以从一个组织转移到另一个组织的相同目标或运营方法。在有争议的领域，参与者将自身利益凌驾于公众或共同目标之上，这一观念仍然是有效基准测试的主要障碍（Siverbo，2014）。

另一种战略管理技术是平衡计分卡，近几十年来这一技术引起了公共部门的广泛关注。这种管理技术通过考虑其他因素，如内部流程、客户和学习等，提供了比狭义的财务更广泛的关注点（Kaplan and Norton，1992）。与局部和所谓的关键绩效指标的扩散不同，这种配置似乎将公司财务规划和战略规划联系了起来。然而，批评者指出，平衡计分卡的四个维度低估了许多公共组织的复杂性，并且提供的只是指标清单列表（Norreklit，2000），将公民视为客户，强调利润的底线而不是社会福利，导致将私营部门的管理技术应用于公共部门相当困难。文献还表明，将平衡计分卡系统与会计信息系统相结合已被证明存在问题（Hoque，2014）。虽然平衡计分卡具有巨大的大众吸引力，但它似乎是一种可能已经过时的管理技术。相比之下，本章开发的战略绩效管理框架为设计适当的管理技术提供了一种全面而完善的方法。

然而，精益管理已成为许多公共服务机构首选的绩效管理技术。精益管理是丰田公司在20世纪60年代开发的丰田绩效体系（Womack et al.，1990）。它的基础是将工作标准化为可重复的过程并消除生产过程中不必要的阶段，以消除浪费，并在持续改进的过程中降低成本。与其他管理改革一样，精益管理首先应用于英国的大学、医院、医疗保健机构及地方政府（Radnor et al.，2006）。政府部长们吹捧精益思想在减少公共部门浪费方面的潜力（Murden，2006）。医疗保健机构一直处于实施精益管理的最前沿。然而，即使在私营部门，丰田本身也对精益管理的有效性持保留态度，因为降低成本是以牺牲安全为代价的（Frean and Lewis，2010）。当人们试图将精益管理应用于公共部门时，出现了许多问题。公共服务在多大程度上类似于汽车工厂？此外，公共部门在服务提供方面存在很大的相互依赖关系，这可能会在试图使公共服务标准化时产生问题。如果仅考虑降低成本，那么降低成本也可能是提供福利服务的一个有问题的目标。事实上，有证据表明，在国家健康卫生服务体系中实施精益管理的尝试彻底失败了，有可能是因为在项目层面、单位层面和组织层面缺乏支持性的信息系统（Kinder and Burgoyne，2013）。还有人认为，缺乏一个完善的服务模型来指导其设计和使用（Radnor and Osborne，2013）。

从这一批判性的审查中可以看出，当公共部门采用私营部门常规使用的战略管理技术时，发生故障和失败的可能性会大大增加。正如我们在下面讨论的那样，本章详述的战略绩效管理框架为这些问题提供了解决方案。

5.4.2 战略绩效管理框架：主要优势

本章试图通过建立一个包含两个基本组成部分的决策框架，来改进公共组织绩效管理体制。

首先，它包括对目标、活动和衡量技术进行优先排序的工具，建立这样一个等级体系是必要的。它承认公共组织的复杂性，并允许每个组织在规划具体机制时有足够的自由度。因此，该框架解决了公共部门运营的复杂性和多样性，这是其他战略管理技术中所缺乏的两个因素。

其次，该框架依赖于组织工作者的整合，他们是帮助确定优先事项的内容专家。这种整合对于克服当前绩效管理体制的固有问题（特别是博弈策略）很有价值。评估过程的复杂性降低了使用博弈策略的动机，因为该系统为接受审查的人创造了更多的不确定性（Bevan and Hood，2006）。在这种情况下，这种博弈行为变得更加困难，仅仅是因为受访者不能确定哪些类型的答案会符合他们的组织利益。因此，就公共组织而言，该框架使用自下而上的方法优于自上而下的战略管理。

最后，通过将工人视为参与规划过程的内容专家，使他们对结果分担责任，从而使博弈策略的动机进一步降低。通过这样做，改善社会福利的可能性及公共行政人员的积极性都会增加。因此，层次分析法的使用应该通过提高收集员工绩效信息、评估员工绩效并使用其进行有效改变的能力，改善绩效管理体制的许多不足。

5.5　总　结

本章开发了一种用于规划绩效管理体制的决策工具，可以最大限度地减少博弈策略，鼓励使用绩效信息，并促进有利于合作学习的组织文化。该框架采用层次分析法，该方法通常用于对多标准备选方案进行分级，需要对备选方案进行主观（专家）比较。在这种背景下，该方法通过为每个组成部分分配权重，帮助对组织活动中组成部分的相对重要性进行排名。该框架针对的是公共部门绩效管理文献中目前存在的几个不足之处。特别是，该框架展示了如何利用层次分析法为组织活动的每一个组成部分分配权重。作为战略绩效管理方法的一部分，该框架展示了如何将公共官员纳入这一过程，并指出他们的角色定义和分配资源方面的必要改革。

5.6　从业者要点

公共部门的一个主要特点是其运作的复杂环境。正如前几章所述，这种复杂性造成了规划、问责制、沟通和实施方面的严重问题。大多数战略管理方法都没有足够的工具来处理这种复杂性。因此，在公共部门采用战略管理技术是其核心问题。此外，在许多情况下，公共组织实施的是笨拙的绩效管理体制，不适合参与提供服务的关键人员。

本章用于规划绩效管理体制的决策工具可以解决现有系统中存在的问题，提出的框架具有一个三阶段决策流程。

（1）在第一阶段，我们绘制组织的活动图，并在组织活动的给定维度内评估每项活动的相对重要性。

（2）在第二阶段，我们计算组织活动中每个维度的相对重要性。

为了计算相对重要性，我们应用了层次分析法，该方法通常对多标准备选方案进行分级，需要对备选方案进行主观（专家）比较（Saaty，1990）。在这样的背景下，这种方法通过对组织活动中的每个组成部分分配权重，来实现对各个组成部分按照相对重要性进行排名。在这两个阶段，管理者可以规划绩效管理体制，这意味着他们可以决定应该评估哪些活动，以及应该给予组织中每项活动的相对权重。通过这个过程，组织的目标也在一定程度上被浏览和重新评估。

（3）在第三阶段，我们通过对活动的重要性赋予权重来评估活动的衡量技术。这种方法也使我们能够汇总所有的绩效组成部分，以产生一种战略绩效管理方法。

此外，第一阶段是基于工人对其角色定义和分配资源的评估，这里所提出的框架有助于组织结构改革。事实上，该框架建议将组织工作者整合到绩效管理体制中，将他们视为参与设定目标、分配绩效指标和衡量标准及评估其角色有效性的角色专家。有迹象表明，这种参与机制有助于降低使用博弈策略的动机，并增加使用绩效信息来提高绩效的可能性。

附录 5.1：需审计的活动和问题的完整清单

1. 元类别 1：政策制定领域的缺陷

A-决策环节的调查研究结果和缺陷

B-政策制定环节的调查研究结果和缺陷

C-确定流程环节的调查研究结果和缺陷

2. 元类别 2：规划领域的缺陷

A-项目规划环节的缺陷

B-长期规划

C-年度规划

D-调查

E-运行偏差

F-顾问支持

3. 元类别 3：预算编制环节的缺陷

A-预算规划环节的缺陷预算执行情况

B-预算实施

C-未经许可的内部转账

D-预算编制中的偏差

E-未经授权许可的费用

F-支付流程环节的发现和缺陷

G-付款程序中的缺陷

H-预算控制

I-偏离预算流程

J-预算偏差

4. 元类别 4：人力资源领域的缺陷

A-工人不足或过剩

B-个人纪律方面的调查研究结果和缺陷

C-培训和晋升环节的调查研究结果和缺陷

D-排名环节的调查研究结果和缺陷

E-标准方面的调查研究结果和缺陷

F-程序方面的调查研究结果和缺陷

G-报告方面的调查研究结果和缺陷

H-监督和控制领域的调查研究结果和缺陷

I-隐私方面的调查研究结果和缺陷

J-人力资源政策方面的调查研究结果和缺陷

5. 元类别5：操作和库存方面的缺陷

A-库存分配的调查研究结果和缺陷

B-库存清点领域的调查研究结果和缺陷

C-采购领域的调查研究结果和缺陷

D-维修方面的调查研究结果和缺陷

E-计算方面的调查研究结果和缺陷

F-投标方面的调查研究结果和缺陷

G-流程方面的调查研究结果和缺陷

H-监督和控制领域的调查研究结果和缺陷

I-车辆使用领域的调查研究结果和缺陷

J-安全领域的调查研究结果和缺陷

附录5.2：封闭式问卷中的一组问题的示例

在您看来，决策领域的哪种缺陷更重要？

圈出您认为两行中较重要的缺陷，然后选择表示重要性程度的数字（见附表）。

附表 封闭式问卷中的问题示例

同等重要	不太重要	重要	很重要	非常重要	不足2	不足1
1	3	5	7	9	政策制定过程	决策过程
1	3	5	7	9	确定做法	决策过程
1	3	5	7	9	确定做法	政策制定过程

参考文献

［1］ Abrahamson, E. (1996) . Management fashion. Academy of Management Review, 21 (1), 254-285.

［2］ Alphonce, C. B. (1997) . Application of the analytic hierarchy process in agriculture in developing countries. Agricultural Systems, 53, 97-112.

［3］ Ammons, D. , & Rivenbark, W. C. (2008) . Factors infiuencing the use of performance data to improve municipal services: Evidence from the North Carolina benchmarking project. Public Administration Review, 68, 304-318.

［4］ Arnaboldi, M. , Lapsley, I. , & Steccolini, I. (2015) . Performance management in the public sector: The ultimate challenge. Financial Accountability & Management, 31 (1), 1-22.

［5］ Barrittella, M. , Certa, A. , Enea, M. , & Zito, P. (2007) . An analytic hierarchy process for the evaluation of transport policies to reduce climate change impacts. Social Science Research Network Electronic Paper Collection. Available at: http: //ssrn. com/abstract=962379.

［6］ Behn, R. D. (2001) . Rethinking democratic accountability. Washington, DC: Brookings Institutions.

［7］ Behn, R. D. (2003) . Why measure performance? Different purposes require different measures. Public Administration Review, 63, 586-606.

［8］ Bevan, G. , & Hood, C. (2006) . What's measured is what matters: Targets and gaming in the English public health care system. Public Administration, 84, 517-538.

［9］ Bouckaert, G. , & Halligan, J. (2008) . Managing performance: International comparisons. New York: Routledge.

[10] Broadbent, J., & Laughlin, R. (2009). Performance management systems: A conceptual model. Management Accounting Research, 20, 283-295.

[11] Caillier, J. G. (2010). Factors affecting job performance in public agencies. Public Performance and Management Review, 34, 139-165.

[12] Courty, P., & Marschke, G. (2004). An empirical investigation of gaming responses to performance incentives. Journal of Labor Economics, 22, 23-56.

[13] Diefenbach, T. (2009). New public management in public sector organizations: The dark sides of managerialistic "Enlightenment". Public Administration, 87 (4), 892-909.

[14] Duke, J. M., & Aull-Hyde, R. (2002). Identifying public preferences for land preservation using the analytic hierarchy process. Ecological Economics, 42, 131-145.

[15] Dull, M. (2006). Why PART? The institutional politics of presidential budget reform. Journal of Public Administration Research and Theory, 16, 187-215.

[16] Eremin, D., Wolf, J., & Woodard, C. A. (2010). Systemic bias in federal performance evaluations: Does hierarchy trump a performance management process? Public Performance and Management Review, 34, 7-21.

[17] Frean, A., & Lewis, L. (2010). Toyota turned deaf ear to safety fears, Congress told as carmaker says "Sorry." The Times, February, 25, 55.

[18] Fu, H., & Lin, S. (2009). Using analytic hierarchy process to analyze the priority of performance criteria in national energy projects. 19th ACME Annual Meeting July 30-August 1, 2009, San Francisco, CA.

[19] Grace, C., & Fenna, A. (2013). Comparing for improvement: Recent developments in benchmarking. Public Money & Management, 33 (4), 235-240.

[20] Heinrich, C. J. (2007). False or fitting recognition? The use of high performance bonuses in motivating organizational achievements. Journal of Policy Analysis

and Management, 26, 281-304.

[21] Holzer, M., & Yang, K. (2004) . Performance measurement and improvement: An assessment of the state of art. International Review of Administrative Sciences, 70, 15-31.

[22] Hood, C. (2006) . Gaming in targetworld: The targets approach to managing British public services. Public Administration Review, 66, 515-521.

[23] Hoque, Z. (2014) . Twenty years of studies on the balanced scorecard: Trends, accomplishments, gaps and opportunities for future research. The British Accounting Review, 46 (1) , 33-59.

[24] Kaplan, R., & Norton, D. (1992) . The balanced scorecard – Measures that drive performance. Harvard Business Review, 70 (1) , 71-79.

[25] Kinder, T., & Burgoyne, T. (2013) . Information processing and the challenges facing lean healthcare. Financial Accountability & Management, 29 (3) , 271-290.

[26] Lapsley, I., & Pong, C. K. M. (2000) . Modernization versus problematization: Value-for-money audit in public services. European Accounting Review, 9 (4) , 541-567.

[27] Lapsley, I., & Skærbæk, P. (2012) . Why the public sector matters. Financial Accountability & Management, 28 (4) , 355-358.

[28] Mizrahi, S., & Minchuk, Y. (2015) . Accountability and performance management in nested principal-agent relations: Gaming and monitoring the system. A paper presented at the EGPA 2015 Conference, Toulouse, France.

[29] Mizrahi, S., & Minchuk, Y. (2016) . Performance management in a decentralized setting: Monitoring and gaming in the financial services industry. Managerial and Decision Economics. doi: 10. 1002/mde. 2813.

[30] Mizrahi, S., & Ness-Weisman, I. (2007) . Evaluating the effectiveness of auditing in local municipalities using analytic hierarchy process (analytic hierarchy

process）：A general model and the Israeli example. International Journal of Auditing, 11, 187-210.

[31] Moynihan, D. P. (2008). The dynamics of performance management constructing information and reform. Washington, DC: Georgetown University Press.

[32] Moynihan, D. P. (2009). The politics measurement makes: Performance management in the Obama era. The Forum, 7 (4), 1-21.

[33] Moynihan, D. P., & Lavertu, S. (2011). Does involvement in performance management routines encourage performance information use? Evaluating GPRA and PART. La Follette School Working Paper No. 2011-017, University of Wisconsin-Madison.

[34] Moynihan, D. P., & Pandey, S. K. (2010). The big question for performance management: Why do managers use performance information? Journal Public Administration Research Theory, 20, 849-866.

[35] Moynihan, D. P., Fernandez, S., Kim, S., LeRouxet, K. M., Piotrowski, S. J., Wright, B. E., & Yang, K. (2011a). Performance regimes amidst governance complexity. Journal Public Administration Research Theory, 21, 141-155.

[36] Moynihan, D. P., Pandey, S. K., & Wright, B. E. (2011b). Setting the table: How transformational leadership fosters performance information use. Journal Public Administration Research Theory, 22, 143-164.

[37] Murden, T. (2006). Ministers put faith in industry miracle worker to revitalize public sector. Scotland on Sunday, February, 12, 3.

[38] Nφrreklit, H. (2000). The balance on the balanced scorecard: A critical analysis of some of its assumptions. Management Accounting Research, 11 (1), 65-88.

[39] Pollitt, C. (2006). Performance management in practice: A comparative study of executive agencies. Journal of Public Administration Research and Theory, 16, 25-44.

［40］Radnor, Z. (2008) . Hitting the target and missing the point? Developing an understanding of organizational gaming. In W. Van Dooren & S. Ven de Walle (Eds.), Performance information in the public sector. UK：Palgrave.

［41］Radnor, Z. J. , & Barnes, D. (2007) . Historical analysis of performance measurement and management in operations management. International Journal of Productivity and Performance Management, 56 (5/6), 384-396.

［42］Radnor, Z. , & Osborne, S. (2013) . Lean：A failed theory for public services? Public Management Review, 15 (2), 265-287.

［43］Radnor, Z. , Walley, P. , Stephens, A. , & Bucci, G. (2006) . Evaluation of the lean approach to business management and its use in the public sector. Edinburgh：The Scottish Executive.

［44］Saaty, T. L. (1978) . Modeling unstructured decision problems-The theory of analytical hierarchies. Mathematics and Computers in Simulation, 20, 147-158.

［45］Saaty, T. L. (1990) . The analytic hierarchy process. Pittsburgh, PA：RWS Publications.

［46］Saaty, T. L. (1994) . Highlights and critical points in the theory and application of the Analytic Hierarchy Process. European Journal of Operational Research, 52, 426-447.

［47］Saaty, T. L. , & Cho, Y. (2001) . The decision by the US Congress on China's trade status：A multicriteria analysis. Socio-Economic Planning Sciences, 35, 243-252.

［48］Saaty, T. L. , & Vargas, L. G. (1982) . The logic of priorities：Applications in business, energy, health, and transportation. Boston：Kluwer.

［49］Saaty, T. L. , & Vargas, L. G. (2001) . Models, methods, concepts & applications of the analytic hierarchy process. Boston：Kluwer.

［50］Saaty, T. L. , Vargas, L. G. , & Dellmann, K. (2003) . The allocation of intangible resources：The Analytic Hierarchy process and linear programming. SocioEconomic Planning Sciences, 37, 169-184.

［51］Sato, Y. (2007) . Administrative evaluation and public sector reform: An Analytic Hierarchy Process approach. International Transactions in Operational Research, 14, 445-453.

［52］Sinuani-Stern, Z. , Mehrez, A. , & Shemuel, B. (1995) . The location of a hospital in a rural region: The case of the Negev. Location Studies, 3 (4) , 255-266.

［53］Siverbo, S. (2014) . The implementation and use of benchmarking in local government: A case study of the translation of a management accounting innovation. Financial Accountability & Management, 30 (2) , 121-149.

［54］Tiwari, D. N. , Loof, R. , & Paudyal, G. N. (1999) . Environmental-economic decision-making in lowland irrigated agriculture using multi-criteria analysis techniques. Agricultural Systems, 60, 99-112.

［55］Vaidya, O. S. , & Kumar, S. (2006) . Analytic Hierarchy Process: An overview of applications. European Journal of Operational Research, 169, 1-29.

［56］Vargas, L. (1990) . An overview of analytic hierarchy process: Its applications. European Journal of Operational Research, 48 (1) , 2-8.

［57］Womack, J. , Jones, D. , & Roos, D. (1990) . The machine that changed the world. New York: Macmillan.

6 通过制度分析框架将绩效管理纳入政策过程

6.1 引言

本章为分析具体绩效管理体制的制定和实施开发建立了一个综合框架,整合了各种流派的新制度主义和对公共部门改革的解释。该框架有助于解释改革的过程,并提出了克服政策制定和实施阶段障碍的策略。

前几章我们分析了将绩效管理体制整合到现代公共部门的相关问题,并提出了设计此类机制以克服这些问题的方法。因此,在第3章和第4章中,我们强调了组织文化在确定此类体制有效性方面的核心作用,以及学习作为设计过程的组成部分和绩效管理机制的目标的重要性。然而,考虑到公众和利益集团的影响,绩效管理体制通过一个涉及政治人士和公共管理人员的决策过程被整合到公共部门。这些是政策设计阶段后续的政策制定和政策实施阶段。本章通过制定一个框架来解释和规划促进绩效管理体制应用的政策实施,并对这些阶段进行集中讨论。

6.2 使用新制度主义来解释在制定和实施公共部门改革过程中,特别是绩效管理改革过程中的挑战和障碍。它提出了一个分析这些过程的分析框架，该分析框架有助于设计政策战略以推进这些改革。在 6.3 中，我们重点讨论了新制度主义背景下的绩效管理改革。在 6.4 中，我们解释了根据此框架所衍生的绩效管理改革中的政治策略。在 6.5 中，我们探讨了制度企业家在绩效管理改革中的作用和策略。6.6 通过比较的视角展示了该框架是如何实际运作的。6.7 对本章进行了总结。6.8 介绍了从业者的要点。

6.2 规划和实施公共部门改革的挑战和障碍：一个新制度主义框架

公共部门改革的国际经验提出了几个广泛的问题，这些问题也反映了我们对政策实践的理解。一个主要问题涉及改革的步伐和时机。公共部门改革是激进的、一次性的，还是循序渐进的？无论当前情况如何，我们都必须确定哪种方法是首选方法（Pollitt and Bouckaert，2004，2009；Streeck and Thelen，2005）。这些问题还涉及学习的深度和影响，以及改革过程中的思想传播。一个理论困境是制度和个体参与者在改革过程中的角色，以及两者之间的相互作用（Moynihan et al.，2011）。相关文献对这一问题提供了相互矛盾的描述和建议，必须加以综合。从广义上讲，争论的焦点在于结构性因素和制度是否比个人创业精神和领导力更好地解释了政策结果（Weingast，2005）。这场辩论中的一个重要因素涉及文化和民族特征在改革中所具有的动力作用。另一个问题是与发展中国家相比，发达国家在制度变迁的动力方面是否存在明显差异？

为了解决这些普遍存在的问题，特别是关于绩效管理改革的问题，我们提出了新制度主义框架的核心组成部分，并分析了使用该框架所产生的制度变迁。

6.2.1 制度变迁的动力和机制

近几十年来，新制度主义已经发展成为分析规则和规范（被理解为制度）转变过程的主要理论方法（North，1990；Pierson，1994）。新制度主义有三个主要分支：历史制度主义、理性选择制度主义和社会学或组织学制度主义（Beland，2007；Campbell，2004；Hall，1993）。

历史制度主义假设：随着时间推移而形成的独特的初始环境所构建的一套制度约束和机会，将会影响政策过程中政治参与者和利益集团的行为（Orloff，1993；Orren and Skowronek，2004；Pierson，1994）。历史制度主义关注不对称的权力关系和长期制度遗产对政策制定的影响，并使用路径依赖分析（Hall and Taylor，1996；North，1990；Steinmo et al.，1992）。理性选择制度主义关注理性行为者在政治制度中追求他们的偏好，以实现其利益和效用的最大化（Weingast，2005）。社会学制度主义强调适当性逻辑，即组织在其环境中寻求符合文化上适当的规范、价值观、脚本和组织模式（Campbell，2004；DiMaggio and Powell，1991；March and Olsen，1989）。尽管这三种方法之间存在明显差异，但新制度主义者承认它们之间的相似之处。此外，他们也意识到以一种考虑过程、结构和个人主义因素的方式整合这些方法的好处（Campbell，2004；Katzenelson and Weingast，2005；Modell，2009；Weingast，2005）。

在分析制度变迁过程时，历史制度主义提出两种主要方法。第一种方法依赖一个强大的间断均衡模型。在该模型中，长期的制度稳定被外部的冲击或危机所打断，导致或多或少的激进重组，随后达成制度稳定（Katzenelson and Weingast，2005；Pierson and Skocpol，2002；Streeck and Thelen，2005）。路径依赖分析解释了当历史进程到达关键时期时，重大的制度变化是如何发生的（Pierson，1994）。历史制度主义用来分析制度变迁的第二种方法侧重于渐进的改革性变迁。这些变化可能是适应或重塑现有制度的微小变化，也可能是彻底改造制度并因此具有改革性意义的重大变化（Campbell，2004；Hacker，2004；Mahoney and Thelen，2010；Streeck and Thelen，2005）。在本章，我们认为公共部门的改革是渐进的而不是激进的，这意味着它们也应该被分析和规划（Pollitt and Bouckaert，2004）。因此，我们采用渐进式制度变迁的方法。

对制度变迁的分析通常从追踪两个重要概念开始：政策反馈和锁定效应。政策反馈是指现有政策对政治和政策发展的影响（Beland，2010；Pierson，1993）。皮尔森对福利国家的紧缩政策进行了颇具影响力的研究，其重点关注的是正向政策反馈，他指出现有政策所产生的强大锁定效应阻碍了重大的制度变迁（Pierson，1994）。然而，Weaver（2010）认为负向政策反馈虽然不会导致政策发生重大变化，但其存在相当普遍，例如一个往往会造成破坏而不是加强其他政策可持续性的长期政策。虽然立即产生强烈负向反馈的政策机制可能不会持续很久，但具有可控后果的负向政策反馈可能会持续很长时间。事实上，负面的政策反馈可能会在一个缓慢发展的过程中演变而成，或者需要承受保留具有若干可取属性的政策所导致的不可避免的成本。更具体地说，Weaver（2010）认为，政策体制转型的类型和程度取决于正向和负向影响之间的平衡，以及政治上是否有可行的渐进式或范式改革方案。

基于这些理由，我们认为负向的政策反馈是关于制度设置新理念演变的必要条件，因此也是渐进式制度变迁的必要条件。这样的反馈意味着系统中所存在的持续危机会导致许多参与者不满意。然而，正如 Weaver 所指出的，关于改革的新理念在政治上可能不可行，也就是说存在着强烈的锁定效应。在新制度主义文献中，锁定效应表达的是在一个既定制度现状中所体现的利益和价值观的结合（Pierson，1994；Streeck and Thelen，2005）。该效应的强度是相关参与者的现状成本和收益的函数。当锁定效应相对较强时，它会为试图促进激进的制度变迁的推动者带来巨大的障碍。另外，一个弱的锁定效应可以保证在相关组织内部和外部对新理念的推广有较少的反对声音。因此，弱锁定效应是激进的制度变迁成功的一个充分条件。

鉴于这两种情况，新制度主义文献提出了各种理论来解释渐进式制度变迁的机制（Campbell，2004；Hacker，2004；Mahoney and Thelen，2010；Streeck and Thelen，2005）。虽然它们在某些方面有所不同，但它们有足够的相似性，使我们可以利用它们来进行实证分析。

Mahoney 和 Thelen（2010）强调了制度分析的两个主要构成要素，它们应该是任何制度变迁分析的核心。第一个构成要素是机构之间的权力分配，它为改革提供了基本动力。第二个构成要素是认识到合规性应被视为一个变量而不是制度的固定特征。换句话说，当规则解释和执行问题为行为者以新的方式应用现有规则开辟了空间时，往往就会发生制度变迁。他们的模型将制度属性的变化视为鼓励不同类型的改革战略，而这些战略反过来又与致力于促进特定类型的渐进式改革的独特的改革推动者相关联（Mahoney and Thelen，2010）。

Mahoney 和 Thelen 随后设计了一个理论模型，该模型先确定影响改革推动者的预测的结构和政治条件，以及最终发生的渐进式变迁的类型。Campbell（2004）以类似的方式提出以一种约束创新理论来解释制度变迁。在这一理论中，创新型制度企业家占据中心地位，他们的行为永远无法提前完全预测。Campbell 随后声称，制度理论所能期望的最佳结果是在约束条件下对人们的偏好倾向进行概率性的陈述。

本章提出的分析遵循了将创新型企业家作为关注焦点的理念。我们认为，负向的政策反馈和锁定效应在各个层面产生了一系列问题，这促进了将改革作为解决问题机制的改革型企业家的崛起（Dull，2006）。Weingast（2005）将企业家描述为这种情况下的关键角色。根据他的定义，企业家是指那些决定是否支持主流思想或新的、具有挑战性的思想的个人或一小群人，他们决定了新思想是否可以保持稳定。企业家是那些发起和制定改革战略的改革倡导者。尽管企业家通常是政治参与者，但我们将展示高级官员也可以发挥这一作用的方式。

Campbell（2004）解决了改革型企业家如何设想并推广新的制度理念的问题。他讨论了行动者如何战略性地利用一种理念和框架，以说服其他行动者追求另一种理念和方案，这可能会促进制度变迁。这一过程是在将另外两种观念（即认知范式和公众情绪）强加于这些行为者思想的约束下发生的。

这些动力可能导致各种类型的渐进式制度变迁。我们在本章所参考文献中提出的一些类型学来解释企业家策划和制定战略的方式。我们提出了一个公共部门改革的分析框架，该框架源自新制度主义的一些核心观点。

6.2.2　公共部门改革的新制度主义框架

许多学者在其研究中提及新公共管理（NPM）方法的改革，新公共管理作为公共部门改革运动的一部分出现于 20 世纪八九十年代（Barzelay，2001；Caiden，1991）。公共管理改革通常通过国际比较或单一案例分析进行研究，两者都会导致归纳性的概括（Barzelay，2001；Barzelay and Gallego，2006；Pollitt and Bouckaert，2004，2009）。例如，2003 年，《国际公共管理杂志》（*International Public Management Journal*）以论文集的形式出版了一份雄心勃勃的公共管理改革比较研究报告。Barzelay 和 Gallego（2006）得出的结论是：这项比较研究表明了政治领导力和政策企业家精神在公共管理政策制定过程中的重要性，以及政策学习和机会归因等社会机制的作用。

Pollitt 和 Bouckaert（2004）还分析了公共管理改革的性质和核心特征。在他们的比较研究中，他们就公共管理改革的性质得出了一些结论。第一，在大多数情况下，全球化之类的外部思想和过程会影响内部过程。第二，公共体制和经济的结构会对改革造成一定的限制，但也有可能提供一些机会。第三，在任何特定国家，当地的关注点和最关心的政客及私人行为者的优先事项肯定会影响管理改革。第四，几乎在所有情况下，高级公务员及行政官员都是改革方案中的关键角色。

这里提出的用于分析公共部门改革的分析框架整合了 Pollitt 和 Bouckaert 的模型，以及之前提出的新制度主义框架。该分析框架包含五个主要部分，如图 6.1 所示。分别从社会、经济、人口状况、跨国影响及国家制度和政治文化等方面确定案例的结构性条件和历史。这些组成部分参见图 6.1 的左侧框。我们应该强调，国家制度和政治文化不仅是结构性的构念，而且还表明了群体、组织和个体参与者之间的行为和互动。

结构和历史　　　　　制度变迁的必要和充分条件　　　　企业家策略

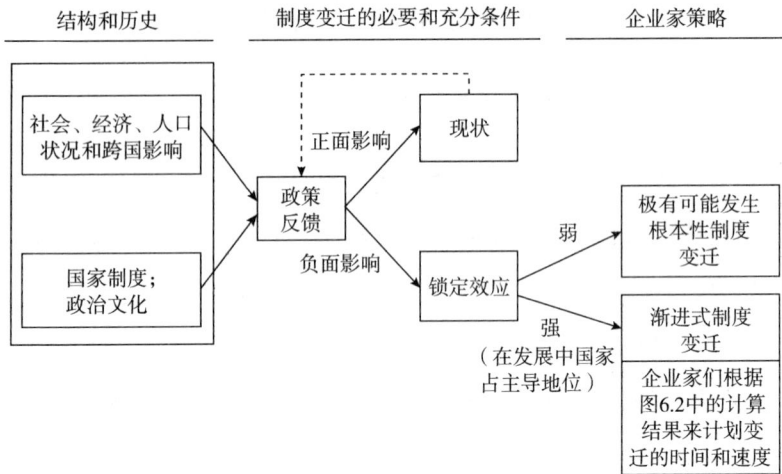

图 6.1　绩效管理改革过程分析框架

　　结构条件与群体和个人参与者之间的政治、经济和社会互动历史产生政策结果，然后由不同的参与者进行评估。现有政策的累积经验产生政策反馈。负向政策反馈的存在是新思想理念演变的必要条件。这种反馈意味着体制中的持续危机会导致出现许多不满意的参与者。相反，正向政策反馈意味着大多数参与者对其结果感到满意的体制的相对有效性和稳定性。正向政策反馈改善了现状，而负向政策反馈创造了改革的氛围（见图 6.1）。负向政策反馈在发展中国家占主导地位，这些国家的公共部门几乎没有问责制，而且通常对公众需求反应迟钝。从 Pollitt 和 Bouckaert 的模型（2004）来看，长期存在的各种结构条件增加了现有机制的无效性及参与者的不满，从而引发了对新思想理念的呼声。

　　然而，参与互动的参与者计算与那些制度变迁相关的成本和收益的现状。这些计算会产生锁定效应。锁定效应的强度是衡量对当前政策具有既得利益并反对任何改变的势力的力量。因此，锁定效应的评估构成了图 6.1 中的第三个组成部分。锁定效应的强度对改革倡导者的策略，以及他们在促进制度变迁方面取得成功的机会具有强烈的影响。当锁定效应相对较强时，它会给试图推动激进制度变迁的企业家带来巨大障碍。另外，较弱的锁定效应保证了相关组织内部和外部对新思想推广的反对者较少。因此，弱锁定效应是激进的制度变迁成功的充分条件（见图 6.1）。

这些条件在不同层面产生了一系列问题。这些问题的存在导致了改革型企业家的崛起，他们将改革作为解决问题的机制（Dull，2006）。这些改革型企业家的崛起构成了图 6.1 中的理论简图。Weingast（2005）认为企业家是关键角色。改革型企业家是改革的倡导者，他们发起和制定改革战略。然而，日益严重的公共问题和改革型企业家的崛起往往会鼓励支持维持现状的倡导者崛起。我们建议，应该针对支持现状的倡导者的战略和权力，对企业家的战略及其实现改革的能力进行分析和评估。事实上，强大的锁定效应是发展中国家的一个主要特点，迫使企业家计划循序渐进式的制度变迁。在设计他们的具体战略时，这些企业家必须克服其他参与者施加的内部和外部障碍，以及阻碍改革的结构性条件，所有这些都是锁定效应的一部分。为了分析这些因素的影响，我们建议使用 Hacker（2004）提出的渐进式制度变迁类型学，它构成了我们的理论框架。在这种类型学中，如图 6.2 所示，Hacker 提出了可能对制度变迁进程造成制约的两种障碍：权威性政策改革的障碍和内部政策转变的障碍。第一个障碍指的是来自外部的否决者，第二个障碍指的是政策自由裁量水平和支持联盟的力量，这些基本上是组

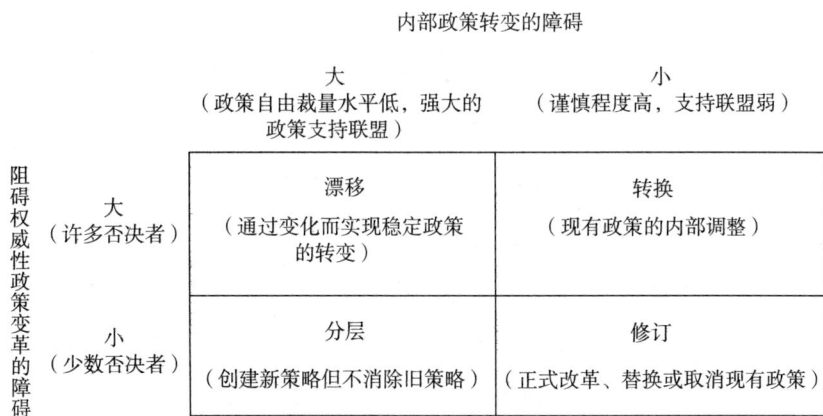

内部政策转变的障碍

		大 （政策自由裁量水平低，强大的 政策支持联盟）	小 （谨慎程度高，支持联盟弱）
阻碍权威性政策变革的障碍	大 （许多否决者）	漂移 （通过变化而实现稳定政策 的转变）	转换 （现有政策的内部调整）
	小 （少数否决者）	分层 （创建新策略但不消除旧策略）	修订 （正式改革、替换或取消有政策）

图 6.2　四种（政策）制度变迁模式

织内部的。这些障碍中的每一种都可以被评估为高或低。它们的组合构成了四种政策转变或制度变迁模式的类型学。

当改革的外部和内部障碍都很大时，改革倡导者可能会采用一种可能导致过程偏移的策略。换句话说，他们忽视某些公共服务维护，从而引导公民寻找替代方案，这种策略通常在私营部门使用。允许偏移发生，就不会公开宣布政策变化。因此，企业家不必因为来自内部或外部的反对意见而做出改变。尽管如此，政策转变还是有可能实现的。然而，我们应该注意到，因为整个过程是潜移默化和间接的，这种政策转变的确切性质对于企业家来说是难以计划或控制的。

当改革的外部障碍很大而内部对改革的反对力量较弱时，企业家可能会尝试通过改变组织目标并使其适应其他现有政策来促进组织内部的改革。可以预计这种战略将会导致政策或制度的变化。这种变化称为转变。Hacker 类型学中分析的第三种制度变迁发生在改革的外部障碍较小而内部障碍较大的时刻。在这种情况下，改革的主导模式很可能分层，即增加新制度而不是消除旧制度（Schickler，2001）。最后，如果政策改革的内部和外部障碍都很小，则预期的改革类型是修正，即涉及替换或取消现有政策的正规改革（Hacker，2004）。我们应该强调，这种对 Hacker 类型学的适应需要强大而有效的改革型企业家的存在，如果不存在这样的企业家，那么支持现状的倡导者可能会将改革之路重新转向符合他们自己的利益的道路。

继 Hacker（2004）、Streeck 和 Thelen（2005）之后，Mahoney 和 Thelen（2010）提出了一种 2×2 制度变迁类型学：偏移、分层、转变和置换。有两个因素会影响改革的确切类型：支持现状而否决改革的参与者的实力（可能高也可能低），以及政策合规水平或政策自由裁量空间（可能高也可能低）。这种类型学将 Hacker 的两个维度合并为一个维度，并添加了另一个维度。因为增加了另一个结构变量，该类型学有助于解释改革。强大的否决权可能导致分层或偏移，具体取决于解释或执行的自由裁量水平是低还是高。否决权较弱可能会导致置换或转变，这也取决于解释或执行的自由裁量水平是低还是高。然而，Mahoney 和 Thelen 的框架比 Hacker 的类型学要呆板得多，几乎没有空间分析创新的企业家战略，其中可能包括不同类别之间的变动。此外，Mahoney 和 Thelen（2010）的改革推动者类型学会限制企业家的创新能力。还有，改革推动者的目标和策略可能比 Mahoney 和 Thelen 的类型学所暗示的更灵活。因此，在我们提出的分析框架中利用了 Hacker 类型学，同时也证实了 Mahoney 和 Thelen 框架的局限性。

总之，我们提出了一个四步分析法，包括识别负面政策反馈，确定锁定效应强度，解释改革型企业家的演变及其理念动机，并使用文献中的类型学及理性选择制度主义提供的微观决策模型分析改革策略。接下来，我们解释如何将这一理论框架应用于分析和规划绩效管理改革。

6.3 新制度主义背景下的绩效管理改革

绩效管理机制通常通过改革过程整合到公共组织中，其中包括规则和运营规范的某些变化（Pollitt and Bouckaert，2004）。Barzelay 和 Gallego（2006）建议通过关注高度可见的、离散的公共管理政策选择来解释公共管理政策的制定。这些离散的选择将公共管理政策的制定从一种局部均衡状态转变为另一种状态。例如，在美国，克林顿政府出台了《政府绩效和结果法案》。在新西兰，影响深远的公共部门改革通过立法而制度化（Behn，2001）。相比之下，在 1998 年的英国，布莱尔政府只是引入了 300 多个主要绩效目标，这些目标适用于所有与商定的预算拨款相关的政府部门（Hood，2006）。在 20 世纪 90 年代的美国和英国，负向政策反馈与弱锁定效应相结合，为重大绩效管理改革创造了条件（Dull，2006；Hood，2006；Moynihan，2009；Rudalevige，2002）。

事实上，大多数使用新制度主义解释绩效管理改革各个方面的研究都集中在宏观层面，即中央当局启动的自上而下的改革过程（Modell，2009）。这些研究通常应用新制度社会学，将绩效管理拓展为设计用于衡量和影响组织目标实现系统的技术性或工具性问题。这种方法强调了制度化结构与充满利益和权力的行政机构之间复杂的相互作用（Lawrence and Suddaby，2006；Oliver，1991；Scott，2008），但低估了行政机构本身的制度化程度（Leca and Naccache，2006；Lounsbury，2008；Modell，2009）。该方法缺乏足够的分析工具来评估组织内部的原动力和权力斗争，尽管这些因素对任何绩效管理机制的最终形式、运作和使用都有重大影响。

Modell 等（2007）在批评分析过于简单化时朝这个方向迈出了几步，这些分析只是认为现有制度和实践影响绩效管理改革的实施。另外，他们建议对路径依赖分析进行扩展，以便考察研究现有制度安排有哪些可竞争的替代方案，以及为什么它们在特定的时间点被拒绝。然而，他们和其追随者只提供了有限的分析工具来帮助执行这项任务（Kelly et al.，2015）。

绩效管理改革的结构设置通常包括强大的内部否决权参与者，同时在引入新机制和更换旧机制时在解释或执行方面具有高度的自由裁量权。因此，自上而下的计划和指令只能描绘改革的总体情况，但对解释具体的实施过程和由此演变的实践几乎没有帮助。虽然这一点可能适用于任何公共部门改革，但在绩效管理改革中更为重要，因为绩效管理需要具有特定的专业知识，以及采取可能威胁既得利益集团的严厉措施的能力。因此，制度企业家及其使用的策略是解释绩效管理改革的具体性质和特点的关键因素。结构和文化因素造成了这些企业家运作的复杂环境，但只有他们的解释和战略选择才能充分解释改革的过程和动力。此外，战略企业家通常了解他们面临的障碍和冲突，因此使用增量战略来创造改革。这一决定不仅源于他们的直觉，而且也是直接从前面描述的框架中派生出来的理性策略。这一分析还暗示，由于渐进过程为支持现状的倡导者提供了发挥其影响力的机会，此类改革过程存在很大的不确定性（Mizrahi and Tevet，2014）。

当我们在现有文献的背景下考虑这一理论框架时，我们可以看到大多数研究通常关注结构变量，而不是具体改革策略。因此，我们现在把重点放在绩效管理改革的政治方面。

6.4 绩效管理改革的政治学

公共行政文献充满了对公共部门改革的政治性质的观察和见解，特别是绩效管理改革方面的观察和见解（Bouckeart and Halligan，2008；Dull，2006；Pollitt and Bouckaert，2004；Moynihan，2009），其中还描绘了参与这些过程的各种参与角色及其利益。然而，这些文献缺乏足够的分析工具来深入研究和挖掘参与者之间的相互作用，以及由此产生的决策。在本章之前，我们提出了一些在历史新制度主义背景下可以实现这一目标的分析工具。现在通过解释理性选择新制度主义中详述的模型来补充分析环境，以解释政策过程的政治性。

理性选择制度主义或公共选择理论整合了结构性因素和个体因素。社会现实是由个体在面对结构性因素时采取理性行动以最大化其自身利益而决定的（Mueller，1989；Taylor，1987）。政策决定通常以一级或二级立法和各类法规的形式来体现。理性选择制度主义模型假设政客的政策决定是由他们与选民之间的互惠关系支撑的。这些互惠关系基于供需机制（Downs，1957）。换句话说，公众要求的是具体的政策，而政客则主要对那些可以增加他们当选概率的要求做出积极回应（即供给）。因此，我们假设政客的主要利益（有时是唯一的利益）是最大限度地提高连任的可能性。此外，只要没有公众对他们提出要求，政客们总是喜欢现状。这部分解释了为什么在许多情况下，任何领域的公共政策，特别是绩效管理领域的公共政策，直到情况达到灾难性程度时才制定。事实上，民主制度通常涉及许多参与者、替代方案和规则，这使公众很难确定改善服务提供及政府响应能力和效能所需的措施（Prezeworski，2003，2010）。这一问题因许多社会互动中存在的集体行动问题而更加严重。事实上，关于绩效管理的政策决策和这些决策所带来的结果是一种公共物品，任何人都可以在不参与政策制定过程的情况下从中受益，这一事实为"搭便车"者提供了充足的动力。结果，没有一个参与者愿意与其他人合作来系统地提高政府绩效（Olson，1965；Weimer and Vining，2010）。因此，公民通常不要求进行能够系统地提高政府绩效的重大改革，而是关注那些直接影响他们的问题。反过来，政客也没有足够的动力或动机来推动这些类型的改革，而是更喜欢舒适的现状（Holzer et al.，2016）。

在公众需求缺失的情况下，能够成功克服集体行动问题并形成利益集团的群体拥有更大的权力。政治经济学家广泛讨论了他们对公共政策和选举结果及社会福利的影响（Becker，1985；Buchanan et al.，1980；Mitchell and Munger，1990；Olson，1965；Peltzman，1976；Stigler and Friedland，1962）。这种影响通常归因于政府部门或公司的政客和利益集团的交流。政客通常被理解为监管服务的提供者，如定价、补贴、限制进入、推广补充商品和抑制替代品。作为这些高价值服务的交换，受监管的行业，即相关的利益集团，可以向政客提供竞选捐款、演讲酬金和行业雇员的投票（Austen Smith，1993；Grossman and Helpman，1996；Mitchell and Munger，1990）。

在分析利益集团对公共政策的影响时，政治经济学家倾向于认为利益集团在特定政策领域的影响被放大，因为试图与政客一起追求他们的利益的竞争者较少。Stigler 和 Friedland（1962）、Posner（1971）、Barro（1973）和 Peltzman（1976）认为，理论上，利益集团之间公开竞争的目的是最大化自身利益（也称为"租金"），这一行为在一定条件下将最大化市场效率和社会福利。相比之下，弗吉尼亚大学的研究人员认为，政客会给那些能够保证所需票数的利益集团提供高额利益（Buchanan et al.，1980；Coate and Morris，1995；Lohmann，1998）。在特定政策领域，竞争的利益集团越多，每个集团兜售的潜在影响力就越小。如果政客们被说服偏袒某一群体，那么该群体的租金就会被最大化，从而损害经济效率和社会福利。

因此，根据上述两种方法，随着某一政策领域内竞争的利益集团数量的增加，每个集团各自的权力和潜在影响力都在下降。实际上，大多数强大的利益集团只会在旨在提高政府绩效的绩效管理改革中失败，因为这些过程增加了透明度，包括专业规划和基于结果的管理，这限制了利益集团的影响。就前面提出的框架而言，这意味着有强大的外部否决权参与者反对或不支持此类改革。此外，公共部门强大的工会也有明确的利益，会联合起来反对这种改革（Pollitt and Bouckaert，2004）。因此，在政府绩效和通过绩效管理改革改善政府绩效的尝试方面，各利益集团之间没有明显的竞争。

一个特定体制的政治官僚结构对有组织的团体追求其特殊利益的能力会产生重大影响。结构越分散，利益集团对公共政策的影响越大，而官僚主义的影响越弱。在中央集权体制中，少数利益集团的需求通过官僚机构传递，从而进一步提高了中央集权程度。

这一原理植根于从 Niskanen（1971）的预算最大化模型开始的官僚制形式化模型。人们认为，官僚们的决策和行为受扩大其所在机构的意愿驱使，因为官僚们常常通过增加他们的预算而间接地最大化他们的自身利益和物质回报（Hood and Peters，1994；Niskanen，1971）。政客们则希望实施吸引普通选民的政策（Downs，1957），因此他们更喜欢设计满足其选民特定需求的预算。事实上，政客和官僚在预算方面有着不同且常常相互冲突的利益，这是他们之间关系冲突的主要根源。

官僚制形式化模型认为，随着可选择的信息来源和公共物品供应的减少，官僚操纵政客的权力和能力会提升（Bendor，1990；Miller and Moe，1983；Mizrahi and Minchuk，2015；Vigoda-Gadot and Mizrahi，2014）。换句话说，在中央集权的政治官僚体制中，官僚可以控制决策过程，引导决策过程走向自己的目标。相比之下，在非集权体制（即分权体制）中，政客们可以通过从私营部门收集信息或将项目外包给利益集团来威胁官僚的垄断地位。这样做有望减少官僚的权力，并提高公共部门的效率。

如果官僚的利益得以实现，就会出现预算最大化与经济效率最大化不一致的矛盾。另外，当通过削弱官僚机构来实现政客的利益时，政策完全服从于政治考量，没有任何必要的制衡。这种政治考量与专业考量不平衡的情况亦会对社会福利造成损害。

因此，我们可以得出结论，在分权体制中，政客拥有可选择的信息来源和公共供给服务，官僚们操纵政客以谋取自身利益的能力比高度集中的集权体制更有限。因此，利益集团对公共政策的权力和影响在分权体制中比在集权体制中更大。然而，在集权体制下，政客们试图通过政治任命和对高级管理人员的奖励来控制官僚（Hood and Peters，1994）。

在推进绩效管理改革时，政客们在很大程度上试图提高公共部门的透明度，并使其接受专业管理做法，以避免此类冲突和失灵。然而，各级公共管理人员清楚地认识到这一动机，并经常通过阻碍此类机制的设计和实施来进行反击（Mizrahi and Minchuk，2015）。因此，成功的实施过程需要在公共部门内部调动对改革的支持，特别是得到作为制度企业家的有声望的高级管理人员的支持。我们将在下一节详细阐述这个主题。

绩效管理改革中的政治策略还包括关键参与者在制定改革的具体组成部分时做出的许多战略性的、非正式的决策。在现有公共管理文献中，对改革过程的这些微观基础的研究很少，但理性选择制度主义在这方面提供了许多模型（Modell，2009），其范围包括讨价还价、冲突管理、议程设置、联盟建设和战略性决策。所有这些领域都有大量的文献，可以极大地丰富公共管理研究。

6.5　高级公共管理人员和制度企业家在绩效管理改革中的角色和战略

公共管理文献很少理论化地或系统地解释制度企业家在改革中的角色作用和策略。这种遗漏特别引人注目，因为许多新公共管理（NPM）思想所依赖的组织和管理文献经常涉及这个概念（Battilana et al.，2009；Campbell，2004）。如前文所述，这是绩效管理改革的一个重要因素，需要进一步探索。

制度企业家是利用资源创建新制度体系或改造现有制度体系的行为者（DiMaggio，1988；Garud et al.，2007；Maguire et al.，2004）。他们可以是组织或组织团体、个体或个人团体（Fligstein，1997；Maguire et al.，2004）。当然，他们并不总是社会精英，可能是社会活动家、劳工领导人、学者或公共行政人员，他们相对远离决策过程，试图改变制度（Campbell，2004）。Battilana 等（2009）认为制度企业家是社会改革的推动者，他们既发起改革，又积极参与改革的实施。

文献强调了制度企业家发展所需的两大因素：①领域特征，如社会动荡、技术颠覆、竞争中断、监管变化及资源稀缺等形式的危机（Child et al.，2007；Duran and McGuire，2005）；②参与者的社会地位，这可能会影响他们对行业领域的看法，以及他们获得从事制度创业所需的资源（Battilana et al.，2009；Lawrence，1999）。然而，在一般的公共部门改革，特别是绩效管理改革中，这些特征是必要的，而资源是支持制度企业家活动的充分条件（Mizrahi，2013）。

Campbell（2004）强调制度企业家以各种方式在制度改革变迁过程中所具有的核心作用。第一，他们在清晰而简单的术语表达和问题构建方面起着至关重要的作用。第二，参与社交网络和组织的企业家可以学习新的思想和理念，他们可以将这些思想和理念转化为激进的制度变迁。第三，成功的企业家会调动资源和盟友，提供证据表明所建议的改革在其他地方取得了成功，并展示创新计划如何符合决策者的利益和观点及公众的情绪。

高级公共管理者拥有的能力和访问权限，使他们成为公共部门改革过程中的关键角色（Mizrahi，2013）。鉴于我们之前讨论的绩效管理改革的政治和行政障碍，高级（在一定程度上还包括初级）公共管理人员成为启动和实施此类改革的关键角色。因此，他们使用的策略和他们克服障碍的能力是解释和规划绩效管理改革的具体组成部分。根据理性选择制度主义对权力关系和利益的详细描绘，可以深入了解这些领域。事实上，上一节描述的框架可以而且应该成为企业家规划其启动改革战略的实用工具。

6.6 比较视角下的绩效管理改革：新制度主义分析

本章详述的理论框架提供了解释和计划具体绩效管理改革，以及进行比较的工具。绩效管理改革可能采取多种形式，其力度各不相同，具体取决于企业家能够并希望推进的改革的深度和广度，以及决策者追求制定目标的意愿。Pollitt 和 Bouckaert（2004）提出了公共部门改革的四个主要成果：金融、人力资源管理、活动组织和绩效衡量。决定和实施改革的过程可能是自上而下或自下而上的，可能需要建立新的组织结构，可能包括也可能不包括立法。基于这种情况，绩效管理改革的规模可以从所有或大部分方面都到位的高幅度改革到实际改革涉及少数或仅其中一个方面的低幅度改革。然而，鉴于绩效管理改革的渐进性，短期内的低幅度改革可能会变成长期的高幅度改革。

我们现在就从比较视角对绩效管理改革进行简要描述。正如多个研究表明的那样，此类改革通常是为了应对危机而演变的（Bouckaert and Halligan，2008；Moynihan，2008；Pollitt and Bouckaert，2004）。结构性变化和社会经济进程可能会引发社会危机，从而促进制度企业家的出现。另一种可能的情况是，渐进式的甚至是潜在的转型过程逐渐改变现状，为新想法打开舞台。因此，在 20 世纪 80 年代的英国和新西兰，经济和社会危机营造了有利于改革的氛围。在 20 世纪 80 年代的美国，危机则是潜伏性的，就像在德国和法国等国家一样。正如理论大纲中所解释的，当结构性变化没有上升到严重危机的水平时，国家制度和政治文化就会成为主导。事实上，在美国，总统制的性质要求在 20 世纪 80 年代到 90 年代期间频繁地进行局部绩效管理改革，以满足每一届政府的需求（Dull，2006；Moynihan，2008）。在德国和法国，保守的政治文化和传统导致了 20 世纪 80 年代缓慢而微小的变化。在 20 世纪 80 年代危机并不严重的斯堪的纳维亚（Scandinavian），变化显然符合协调一致的政治文化（Pollitt and Bouckaert，2004）。

就理论框架而言，危机和消极政策会产生消极的政策反馈。在这里，危机的强度也反映了政策的负面反馈强度。但是，也有媒体和公共管理者等中间调解者在现实和提供给公众的情景之间进行调解。如果这些调解者对维持现状有浓厚的兴趣，就会产生强烈的锁定效应，这意味着他们会通过使用直接和间接的方式来制造一些氛围，让大家觉得危机并没有那么糟糕，或者其他可选方案更糟糕。在20世纪80年代的英国，撒切尔政府以制度企业家的身份中止了可能发生的强大锁定效应。而在其他地方，由具有否决权的参与者造成的锁定效应则非常明显，由此得出了两种结果。第一，只有循序渐进式的制度变迁是可能的。第二，制度企业家很少自发演化。只有当全球影响、思想传播和经济放缓同时出现时，制度企业家才会出现，但即便如此，他们也倾向于采取保守而不是激进的方法（Pollitt and Bouckaert，2004）。因此，在大多数情况下，绩效管理体制的确切范围和特征是制度企业家的身份、利益、能力，以及他们可以利用的权力关系的函数。

文献提供了大量关于绩效管理改革的案例研究。大多数的文献都证明了迄今为止提出的基本原理。然而，当谈到改革的微观基础和促成改革的决策过程时，研究人员倾向于采取描述性的方法，而不是分析性的方法。特别要指出的是，文献中非常强调结构性因素，明显忽视了个体的投入，特别是制度企业家的投入。

例如，在对英国和比利时的比较研究中，Pollitt 和 Bouckaert（2009）认为，政策通常不是一种工具理性业务，具有明确的目标、目的、成本和收益的计算等。在实践中，通常也存在矛盾、模棱两可、冲突和意外。然后，他们提到了其对社区警务的分析，并指出这是一个模糊而不易理解的概念，涉及相当多的群体和地域类型、行政单位及各种技术和方法。他们还观察到，政府并没有明确地将这项服务优先于其他服务。这一分析显然给我们留下了一个"黑匣子"，其中包括参与决策过程的特定参与者、他们的利益和战略，以及制度企业家在这些行动中的整体运作。基于本章介绍的理论框架，我们假设对这些因素的深入分析可能会为看似矛盾和不合理的决定提供新的思路。

当我们考虑如图6.2所示的创业战略时，所有内容都隐含在现有文献中。在许多情况下，当权威改革者面对重要的内部和外部具有否决权的参与者时，往往会忽略政策领域，这意味着更少的资源被引入该领域。这就会形成一个漂移过程，削弱否决参与者的反对意见，并开辟引入额外改革措施的机会（Mizrahi and Tevet，2014）。分层策略在许多以引入绩效衡量机制为起点的绩效管理改革中也很明显（Broadbent and Laughlin，2009）。在第一层的基础上，其他层包括基准、激励计划、工作计划和战略管理（Mizrahi，2013）。在许多情况下，当公共组织的主要目标从促进社会福利转变为最大化效用和效能时，也会发生转变。事实上，在很大程度上，这种观念上的转变是走向绩效管理改革的第一步（Pollitt and Bouckaert，2004）。最后，在通过前述的战略积累支持之后，修订通常是改革的最终阶段的特征（Mizrahi，2013）。

因此，本章描述的理论框架为分析和规划绩效管理改革提供了一个综合工具。它整合了各种理论方法，突出了制度企业家在改革过程中的作用和策略。鉴于我们之前讨论过的绩效管理改革面临的政治和管理障碍，高级（在一定程度上还包括初级）公共管理人员成为启动和实施此类改革的关键角色（Mizrahi，2013）。

6.7 总结

本章开发了一个综合框架，用于分析具体绩效管理体制的决定和实施方式，综合了新制度主义的各种流派和对公共部门改革的解释。该框架有助于解释改革进程，并提出了在政策制定和实施阶段克服障碍的策略。

我们提出了一个四步分析法，包括识别负面政策反馈、确定锁定效应强度、解释改革型企业家的演变及其理念动机，并使用文献中的类型学及理性选择制度主义提供的微观决策模型分析改革策略。

绩效管理改革的结构设置通常包括强有力的内部否决权参与者，以及在引入新机制和取代旧机制时在解释或执行方面的高度自由裁量权。因此，制度企业家及其使用的策略是解释绩效管理改革的具体性质和特点的关键因素。

绩效管理改革的政治意味着成功的实施过程需要动员公共部门内部对改革的支持，最好是通过有名望的高级管理人员作为制度企业家来进行运作。参与社交网络和组织的企业家学习新思想，他们可以将这些新思想转化为激进的制度变迁。事实上，成功的企业家会调动资源和盟友，通过提供证据以证明所建议的改革已经在其他地方取得成功，并展示创新计划如何符合决策者的利益和观点及公众的情绪。在很大程度上，高级公共管理者具有这些能力和途径，使他们成为公共部门改革的关键参与者。因此，他们使用的策略和他们克服障碍的能力是解释和规划绩效管理改革的具体组成部分的主要因素。

6.8 从业者要点

本章开发了一个综合框架，用于分析具体的绩效管理体制的决定和实施方式。它包括以下几个组成部分：

（1）四步分析法，包括以下几个方面：

a. 识别负面政策反馈。

b. 决定锁定效应的强度。

c. 解释改革型企业家的演变及其理念动机。

d. 使用文献中提供的类型学及理性选择制度主义提供的微观决策模型分析改革策略。

（2）绩效管理改革的结构设置通常包括强大的内部否决权参与者，以及在引入新机制和替换旧机制时在解释或执行方面的高度自由裁量权。

（3）自上而下的计划和指令只能描述改革的总体情况，无法解释具体的实施过程和通过这些过程形成的实践。

（4）制度企业家及其使用的策略是解释绩效管理改革的具体性质和特点的

关键因素。

(5) 成功的企业家具有下述几种能力：

a. 能调动资源和疏通渠道。

b. 提供证据以表明所建议的改革已在其他地方成功实施。

c. 展示创新计划是如何符合决策者的利益和观点及广泛的公众情绪。

参考文献

［1］Austen-Smith, D.（1993）. An access model of campaign contributions. Mimeo. New York：University of Rochester.

［2］Barro, R.（1973）. The control of politicians：An economic model. Public Choice, 14, 19-42.

［3］Barzelay, M.（2001）. The new public management. Los Angeles, CA：University of California Press.

［4］Barzelay, M., & Gallego, R.（2006）. From "New Institutionalism" to "Institutional Processualism"：Advancing knowledge about public management policy change. Governance, 19, 531-557.

［5］Battilana, J., Leca, B., & Boxenbaum, E.（2009）. How actors change institutions：Towards a theory of institutional entrepreneurship. The Academy of Management Annals, 3（1）, 65-107.

［6］Becker, G. S.（1985）. Public policies, pressure groups, and dead weight costs. Journal of Public Economics, 28, 330-347.

［7］Behn, R. D.（2001）. Rethinking democratic accountability. Washington, DC：Brookings Institutions.

［8］Béland, D.（2007）. Ideas and institutional change in social security：Conversion, layering, and policy drift. Social Science Quarterly, 88 (1), 20-38.

[9] Béland, D. (2010) . Reconsidering policy feedback: How policies affect politics. Administration and Society, 42, 562-590.

[10] Bendor, J. B. (1990) . Formal models of bureaucracy: A review. In N. B. Lynn & A. Wildavsky (Eds.), Public administration: The state of the discipline. Chatham, NJ: Chatham House.

[11] Bouckaert, G. , & Halligan, J. (2008) . Managing performance: International comparisons. New York: Routledge.

[12] Broadbent, J. , & Laughlin, R. (2009) . Performance management systems: A conceptual model. Management Accounting Research, 20, 283-295.

[13] Buchanan, J. , Tollison, R. , & Tullock, G. (1980) . Toward a theory of rent-seeking society. College Station: Texas A&M Press.

[14] Caiden, G. E. (1991) . Administrative reform comes of age. New York: Walter de Gruyter.

[15] Campbell, J. L. (2004) . Institutional change and globalization. Princeton, NJ: Princeton University Press.

[16] Child, J. , Lua, Y. , & Tsai, T. (2007) . Institutional entrepreneurship in building an environmental protection system for the People's Republic of China. Organization Studies, 28 (7), 1013-1034.

[17] Coate, S. , & Morris, S. (1995) . On the form of transfer to special interests. Journal of Political Economy, 103, 1211-1235.

[18] DiMaggio, P. J. (1988) . Interest and agency in institutional theory. In L. G. Zucker (Ed.), Institutional patterns and organizations: Culture and environment. Cambridge, MA: Ballinger.

[19] DiMaggio, P. J. , & Powell, W. W. (1991) . Introduction. In W. W. Powell & P. J. DiMaggio (Eds.), The new institutionalism in organization analysis. Chicago: University of Chicago Press.

[20] Downs, A. (1957) . An economic theory of democracy. New York: Harper and Row.

[21] Dull, M. (2006) . Why PART? The institutional politics of presidential budget reform. Journal of Public Administration Research and Theory, 16, 187-215.

[22] Durand, R. , & McGuire, J. (2005) . Legitimating agencies in the face of selection: The case of AACSB. Organization Studies, 26 (2) , 165-196.

[23] Fligstein, N. (1997) . Social skill and institutional theory. American Behavioral Scientist, 40 (4) , 397-405.

[24] Garud, R. , Hardy, C. , & Maguire, S. (2007) . Institutional entrepreneurship as embedded agency: An introduction to the special issue. Organization Studies, 28 (7) , 957-969.

[25] Grossman, G. M. , & Helpman, E. (1996) . Electoral competition and special interest politics. Review of Economic Studies, 63, 265-286.

[26] Hacker, J. S. (2004) . Privatizing risk without privatizing the welfare state: The hidden politics of social policy retrenchment in the United States. American Political Science Review, 98, 243-260.

[27] Hall, P. A. (1993) . Policy paradigms, social learning and the state: The case of economic policy-making in Britain. Comparative Politics, 25, 275-296.

[28] Hall, P. A. , & Taylor, R. C. R. (1996) . Political science and the three institutionalisms. Political Studies, XLIV, 936-957.

[29] Holzer, M. , Mullins, L. B. , Ferreira, M. , & Hoontis, P. (2016) . Implementing performance budgeting at the state level: Lessons learned from New Jersey. International Journal of Public Administration, 39 (2) , 95-106.

[30] Hood, C. (2006) . Gaming in target world: The targets approach to managing British public services. Public Administration Review, 66, 515-521.

[31] Hood, C. , & Peters, G. B. (Eds.) . (1994) . Rewards at the top: A comparative study of high public office. London: Sage.

［32］Katzenelson, I. , & Weingast, B. R. (2005) . Intersections between historical and rational choice institutionalism. In I. Katzenelson & B. R. Weingast (Eds.), Preferences and situations. New York: Russell Sage Foundation.

［33］Kelly, R. , Doyle, G. , & O'Donohoe, S. (2015) . Framing performance management of acute-care hospitals by interlacing NPM and institutional perspectives: A new theoretical framework. Financial Accountability & Management, 31 (1), 69-91.

［34］Lawrence, T. B. (1999) . Institutional strategy. Journal of Management, 25 (2), 161-188.

［35］Lawrence, T. B. , & Suddaby, R. (2006) . Institutions and institutional work. In S. R. Clegg, C. Hardy, T. B. Lawrence, & W. R. Nord (Eds.), The Sage handbook of organization studies. Thousand Oaks: Sage.

［36］Leca, B. , & Naccache, P. (2006) . A critical realist approach to institutional entrepreneurship. Organization, 13, 627-651.

［37］Lohmann, S. (1998) . An information rationale for the power of special interests. American Political Science Review, 92, 809-827.

［38］Lounsbury, M. (2008) . Institutional rationality and practice variation: New directions in the institutional analysis of practice. Accounting, Organizations and Society, 33 (4-5), 349-361.

［39］Maguire, S. , Hardy, C. , & Lawrence, T. B. (2004) . Institutional entrepreneurship in emerging fields: HIV/AIDS treatment advocacy in Canada. Academy of Management Journal, 47 (5), 657-679.

［40］Mahoney, J. , & Thelen, K. (2010) . A theory of gradual institutional change. In J. Mahoney & K. Thelen (Eds.), Explaining institutional change. Cambridge: Cambridge University Press.

［41］March, J. G. , & Olsen, J. P. (1989) . Rediscovering institutions: The organizational basis of politics. New York: Free Press.

［42］Miller, G. , & Moe, T. (1983) . Bureaucrats, legislators, and the size of government. American Political Science Review, 77, 297-322.

［43］Mitchell, W. C. , & Munger, M. C. (1990) . Economic models of interest groups: An introductory survey. American Journal of Political Science, 35, 512-546.

［44］Mizrahi, S. (2013) . A new institutionalism analysis of performance management reform: Theoretical outline and evidence from Israel. Journal of Comparative Policy Analysis, 15 (3), 220-234.

［45］Mizrahi, S. , & Minchuk, Y. (2015) . Accountability and performance management in nested principal-agent relations: Gaming and monitoring the system. A paper presented at the EGPA 2015 Conference, Toulouse, France.

［46］Mizrahi, S. , & Tevet, E. (2014) . A new institutionalism analysis of electricity sector reform: Theoretical and comparative perspectives. Public Administration Quarterly, 38 (1), 3-37.

［47］Modell, S. (2009) . Institutional research on performance measurement and management in the public sector accounting literature: A review and assessment. Financial Accountability & Management, 25 (3), 277-303.

［48］Modell, S. , Jacobs, K. , & Wiesel, F. (2007) . A process (re) turn? Path dependencies, institutions and performance management in Swedish central government. Management Accounting Research, 18, 453-475.

［49］Moynihan, D. P. (2008) . The dynamics of performance management constructing information and reform. Washington, DC: Georgetown University Press.

［50］Moynihan, D. P. (2009) . The politics measurement makes: Performance management in the Obama era. The Forum, 7 (4), 1-21.

［51］Moynihan, D. P. , Pandey, S. K. , & Wright, B. E. (2011) . Setting the table: How transformational leadership fosters performance information use. Journal Public Administration Research Theory, 22, 143-164.

［52］Mueller, D. (1989) . Public choice Ⅱ. Cambridge: Cambridge University

Press.

[53] Niskanen, W. A. (1971). Bureaucracy and representative government. New York: Aldine-Atherton.

[54] North, C. D. (1990). Institutions, institutional change and economic performance. Cambridge: Cambridge University Press.

[55] Oliver, C. (1991). Strategic responses to institutional processes. Academy of Management Review, 16 (1), 145-179.

[56] Olson, M. (1965). The logic of collective action. Cambridge: Harvard University Press.

[57] Orloff, A. S. (1993). The politics of pensions: A comparative analysis of Canada, Great Britain and the United States, 1880-1940. Madison, WI: University of Wisconsin Press.

[58] Orren, K., & Skowronek, S. (2004). The search for American political development. Cambridge: Cambridge University Press.

[59] Pelzman, S. (1976). Toward a more general theory of regulation. Journal of Law and Economics, 19, 211-240.

[60] Pierson, P. (1993). When effect becomes cause: Policy feedback and political change. World Politics, 45 (4), 595-628.

[61] Pierson, P. (1994). Dismantling the welfare state. Cambridge: Cambridge University Press.

[62] Pierson, P., & Skocpol, T. (2002). Historical institutionalism in contemporary political science. In I. Katzenelson & H. V. Milner (Eds.), Political science: The state of the discipline. London: Norton.

[63] Pollitt, C., & Bouckaert, G. (2004). Public management reforms: A comparative analysis. Oxford: Oxford University Press.

[64] Pollitt, C., & Bouckaert, G. (2009). Continuity and change in public policy and management. Cheltenham, UK: Edward Elgar.

［65］ Posner, R. A. (1971) . Taxation by regulation. Bell Journal of Economics and Management Science, 2, 22-50.

［66］ Przeworski, A. (2003) . Freedom to choose and democracy. Economics and Philosophy, 19, 265-279.

［67］ Przeworski, A. (2010) . Democracy and the limits of self-government. New York: Cambridge University Press.

［68］ Rudalevige, A. (2002) . Managing the President's program: Performance leadership and legislative policy formulation. Princeton, NJ: Princeton University Press.

［69］ Schickler, E. (2001) . Disjoint pluralism institutional innovation and the development of the US Congress. Princeton, NJ: Princeton University Press.

［70］ Scott, W. R. (2008) . Approaching adulthood: The maturing of institutional theory. Theory and Society, 37 (3), 427-442.

［71］ Steinmo, S. , Thelen, K. , & Longstreth, F. (Eds.) . (1992) . Structuring politics: Historical institutionalism in comparative analysis. Cambridge: Cambridge University Press.

［72］ Stigler, G. , & Friedland, C. (1962) . What can regulators regulate? The case of electricity. Journal of Law and Economics, 5, 1-16.

［73］ Streeck, W. , & Thelen, K. (2005) . Introduction. In W. Streeck & K. Thelen (Eds.), Beyond continuity: Institutional change in advanced political economies. Oxford: Oxford University Press.

［74］ Taylor, M. (1987) . The possibility of cooperation. Cambridge: Cambridge University Press.

［75］ Vigoda-Gadot, E. , & Mizrahi, S. (2014) . Managing democracies in turbulent times - Trust and participation as a road to better governance. New York: Springer.

［76］ Weaver, K. R. (2010) . Paths and forks or chutes and ladders? Negative feedbacks and policy regime change. Journal of Public Policy, 30, 137-162.

[77] Weimer, D. L., & Vining, A. R. (2010). Policy analysis: Concepts and practice. Upper Saddle River, NJ: Prentice Hall.

[78] Weingast, B. R. (2005). Persuasion, preference change, and critical junctures: The microfoundations of a macroscopic concept. In I. Katznelson & B. R. Weingast (Eds.), Preferences and situations: Points of contact between historical and rational choice institutionalisms. New York: Russell Sage Foundation.

7 公共部门的绩效管理、有效治理和民主

7.1 引言

本章综合了前几章的内容，并根据前面在绩效管理方面提出的核心认识论问题和经验证据，提出了一种在我们这个时代改进民主国家管理的综合方法。本书强调了现代民主国家的一个重要悖论。虽然通过新公共管理（NPM）改革实现民主国家现代化被认为是解决民主和官僚制度失灵的主要途径，但我们认为它实际上有可能加剧这种失灵。本书认为，使用非传统方法开发一个理论框架来分析当今许多民主国家存在的这个悖论，这个框架以国际比较的结果为基础，是一个富有成效的方法，可以被效仿并输出到许多经验和实践环境中。

在整本书中，我们强调了绩效管理方法与政策制定和实施过程相互作用的方式。我们向前迈进了一步，提出绩效管理政策的概念，其中包括六个原则。第一，绩效管理机制可以丰富政策制定和实施，从而提高政府效能，并加强民主国家的问责制和公共责任制。第二，为实现这一目标，绩效管理机制应仔细规划和实施，使其充分融入决策过程。第三，中央政府和公共组织应将绩效管理视为他

们必须持续参与的政策领域，而不是将其视为一个具体的管理工具。第四，鉴于需要不断学习的公共政策的周期性，绩效管理体制应旨在促进组织学习，进行规划，并将其整合到政策过程中。第五，有效的基于绩效的政策有两个层面，即宏观层面和微观层面。在宏观层面，政府应强调系统性绩效指标，并为公众提供监督政府活动的工具。在微观层面，政府政策应引导公共组织构建绩效管理机制，强调组织绩效指标，将员工纳入机制设计和学习的过程。第六，鉴于企业家在推进政策和制度变迁及绩效管理领域的核心作用，制度企业家在推动和引导改革走向社会改革方面发挥着主导作用。该领域的研究应将注意力集中在他们是如何演变，以及所采用的策略上，这也将为鼓励制度和社会改革提供切实可行的建议。

换言之，绩效管理政策是一个试图把握绩效管理与政策之间相互关系的双向概念。一方面，它包括政策制定者可以使用绩效管理机制并从中受益的方式；另一方面，它提出了可以帮助识别潜在缺陷的政策理论和实践，并可据此设计和实施有效的绩效管理机制。接下来，在 7.2 和 7.3 讨论第一个方面，在 7.4 和 7.5 讨论第二个方面。

7.2 21 世纪的民主——问责制和公共责任制的挑战

民主制度一直面临着应对各种要求的挑战，其中的一个挑战就是对权力中心的有效控制。在过去，关于公共问责制的讨论探讨了这一挑战（Bovens，2007；Lindberg，2013；Schedler，1999）。问责制要求公共行政人员和政客系统地向彼此和公众报告他们的行动，并对这些行动的结果负责（Mulgan，2000；Schedler，1999；Vibert，2007）。文献表明，许多民主国家在公共领域实施和实现问责制有很大的困难（Bovens，2007；Lindberg，2013；Thompson，2014）。

本书揭示了民主制度中存在的一个固有悖论。一方面，民主制度的复杂结构应加强分权原则、不同层面和维度的问责制及社会团体和组织之间的整体平衡。另一方面，这种复杂的结构及它们强加给政客、官僚、监管者和公众的嵌套关系造成了实现问责制和公共责任制的核心问题。鉴于绩效管理机制是现代民主国家促进问责制的主要工具，这些机制固有的缺陷必然会加剧问责制、报告和责任制所存在的问题。事实上，由于这些问题的存在，有人呼吁放弃绩效管理方法。然而，本书通过分析提出了如何最大限度地减少这些问题，并最大限度地发挥其优势，以提高问责制和政府效能，其解决方案是采用绩效管理政策方针。

民主制度的复杂性加剧了问责制所存在的问题（Bovens，2007）。从本质上讲，在公共领域存在嵌套的委托代理关系，即一些参与者可以在一个互动关系中作为委托人，而在另一个互动关系中作为代理人（Heinrich and Marschke，2010；Horn，1995；Wood，2010）。高级公共管理者作为与公众和被视为委托人的政客互动时的代理人，而高级公共管理者在与中层和基层官僚的互动关系中扮演着委托人的角色。与此同时，政客在与作为委托人的公民的关系中是代理人。此外，管理监管机构的高级管理人员可能会认同政客的目标或官僚机构的目标。政客则深入参与党派活动，并与私营部门和利益集团有关联。公共行政人员与私营部门和特殊利益集团打交道，所有参与者都与第三部门接触。此外，中央政府与地区或地方政府之间的分工和相互依存，形成了中央政客与地方政官之间的委托代理关系。

在这些情况下，委托人均可使用各种激励计划（包括绩效衡量标准），来激励他们的代理人努力工作。然而，公众和政客是集体参与者，他们也会遭受集体行动、利益冲突、缺乏特定身份和利益集等问题的困扰。所有这些情况都容易受到通过主动博弈策略故意操衡量措施和数据的影响，从而挑战任何问责机制的有效性。此外，参与者可能在一次交互中是委托人而在另一次交互中是代理人这一事实使机制问题复杂化。在这些嵌套关系中，不清楚责任在哪里，谁对活动负责，谁应该向谁报告。

公共领域参与者之间关系的复杂性和嵌套的委托代理关系大大增加了机制歪曲和低效的可能性。公共领域的委托人为减少代理人不当的歪曲行为而投入大量精力进行监督的条件难以实现，这意味着所有参与者都在参与博弈活动。公众及其代表（政客）没有动力或无法监督公共行政人员，作为委托人和代理人的政客、监管机构和高级管理人员却有动力与系统博弈，这导致了严重的问责和责任问题。

鉴于大多数报告系统和问责制原则基于绩效衡量标准反映某种客观条件的想法，我们的模型发现了此类机制中所存在的主要问题。因此，在问责制和责任制原则的基础上建立切实有效的民主制度是一项比简单地引入绩效衡量标准要复杂得多的任务。最大的挑战是将绩效管理整合并内化到政治和组织文化中（Moynihan，2008）。

当我们区分系统性宏观指标和组织指标时，似乎在第一种情况下，委托人比在第二种情况下更有可能监控代理人的博弈行为。因此，公共部门的绩效管理体制应主要在宏观层面采用增值系统性指标。系统性的绩效管理应该涉及普通公民和政客能够理解并从中受益的措施。

然而，管理者可能还需要用于组织层面管理绩效的工具。为了尽量减少博弈行为，他们必须避免在组织层面使用激励计划，因为对此类绩效管理系统进行监控是无效的。绩效管理不应通过激励来改变行为，而应专注于从收集的数据中学习并创造文化改革。事实上，许多研究表明绩效信息的使用并不理想，因为其收集和解释方式被公职人员视为是适得其反和无效的（Behn，2003；Heinrich and Marschke，2010；Moynihan，2008）。然而，公职人员通过在他们的组织中引入绩效管理体制而获得了象征性的收益，他们也可以出于学习目的评估绩效信息。这种做法与Bovens（2007）提出的问责制学习观点相一致。问责制被理解为一种通过鼓励行政部门学习来提高政府效能的工具。事实上，在第5章中，我们提出了一种全面绩效管理方法，强调了这种方法在转变组织文化方面的力量，而不是施加制裁。

7.3 绩效管理方法的本质：它究竟是如何运作的？

绩效管理这一复杂的、有时甚至是令人恐惧的概念背后的基本理念其实相当简单。绩效管理机制制定的内部法规旨在鼓励组织员工在工作中投入更多精力，从而提高组织的绩效（Heinrich and Marschke，2010）。组织行为理论认为，绩效管理体制可以通过外在激励（如委托代理框架）或通过利用组织支持计划、培训和鼓励等内在动力来激励员工努力工作（Christen et al.，2006；Deci et al.，1999；Heinrich and Marschke，2010；Rhoades and Eisenberger，2002）。有关公共部门的文献在这个问题上也存在分歧，研究范围从关注物质激励和奖励计划（Heinrich，2007）到强调组织文化、象征性利益和学习的研究（Moynihan，2008）。

文献中的主流观点认为，绩效管理机制鼓励员工在工作中投入更多精力，提高员工对工作环境的满意度和信任度，从而提高组织绩效（Chen et al.，2009；Mayer and Davis，1999；Rhoades and Eisenberger，2002）。如果员工将绩效管理机制的引入、组织内各单位之间协调的改进、管理程序的改进与组织绩效联系起来，那么他们可能会得出组织绩效非常好的结论，因此他们就可能会维持甚至减少在工作中投入的精力。根据这一原理，绩效管理机制间接地影响了组织绩效和政府效能，这意味着它们主要影响管理过程而不是实现特定的结果。

绩效工资的基本逻辑在公共领域的绩效管理文献和实践中占据主导地位，这可能是因为它遵循了私营部门的趋势，并提供可以量化的变量。然而，在公共部门，它要么难以实施，要么无效（Heinrich and Marschke，2010）。动机理论家强调了内在动机和自主动机在影响个人行为和绩效方面的重要性，这表明当代理人受到内在动机激励时，外在奖励实际上可能是有害的（Deci et al.，1999，2001）。这些结论可以得到管理理论的进一步支持，该理论假设一些员工主要将他们的利益和目标与组织的利益和目标保持一致（Van Slyke，2007）。实证研究表明，一些公职人员出于为公众服务的道德观而受到激励，这意味着他们主要致力于集体利益（Houston，2006；Rainey，1983）。对于这些员工，无形奖励比物质奖励更有效。我们可以得出结论，正面的积极反馈和员工授权形式的无形奖励可能会鼓励员工在工作中投入更多精力。因此，我们期望包含这些组成部分的绩效管理体制能够赋予员工和管理者同等的权力，从而提高管理质量和政府效能。

那么，绩效管理机制究竟是如何运作的呢？我们的答案包括两个主要组成部分：第一部分是对经合组织（OECD）国家所采用的主要绩效管理做法的描述；第二部分是对绩效管理实践影响公共政策和公共部门绩效的机制的解释。

如第 4 章所述，绩效管理实践主要体现在三个方面：战略规划、绩效预算和人力资源管理。为了评估战略规划，我们首先提到了监管影响分析，该分析形式已成为近几十年来的主要战略政策工具。经合组织在这方面收集的数据表明，使用这种分析形式的比例大幅上升，特别是在 1994~2002 年。2009 年所有经合组织成员国都报告说他们在一定程度上采用了这种机制。但是，由于公共部门改革的历史和管理文化不同，各国在这一机制的制度化和使用范围方面存在着差异。与 2005 年相比，2008 年 30 个经合组织国家的监管影响分析指数平均值为 66%（范围为 0~1），而 2005 年则是 53%。

战略规划的第二个指标来自 2010 年 31 个经合组织国家对战略性人力资源管理的衡量结果。经合组织报告（2011）指出，经合组织国家在使用此类做法方面存在很大差异。澳大利亚、加拿大和英国位居榜首，而捷克、斯洛伐克、希腊和匈牙利在中央政府中只有少数部门采用了这些做法。2010 年，31 个经合组织国家中该指标的平均值为 0.5（范围为 0~1）。

关于绩效预算在一个国家的应用程度，根据不同国家的报告，在 2007 年和 2011 年期间，大多数国家都采用了某种绩效预算机制，但通常只是用于收集丰富预算讨论的信息（OECD，2007，2011）。绩效预算很少包括实际的财务后果，如减少绩效不佳者的预算，增加绩效良好者的预算。然而在 2007~2011 年，许多国家似乎放弃了这种做法。这种趋势表明，人们对该机制感到失望，这可能是由于实施和使用该机制遇到了许多困难和障碍。2011年，32个经合组织国家该指标的平均值为0.38（范围为0~1），而2007年30个经合组织国家该指标的平均值为0.42。

绩效管理实践还包括第三个组成部分——人力资源管理实践，其本身包括几个指标。关于中央政府在人力资源决策中使用绩效评估的程度，经合组织报告（2011）表明，到2010年，调查中包含的所有国家都使用了绩效评估。在一些国家，这些评估是有关个体工作人员的决策过程的核心，而在有些国家，绩效评估则不那么重要。2010年，31个经合组织国家该指标的平均值为0.66（范围为0~1）。

有一些国家中央政府使用绩效薪资的程度很高，而其他国家则报告根本没有使用这种做法。2010年31个经合组织国家该指标的平均值为0.65（范围为0~1）。大多数经合组织国家确实对中央政府的高级公务员采用了单独的人力资源管理实践，在31个国家中，12个国家与绩效相关的薪酬高于其他工作。此外，有4个国家报告，他们已经建立了相关机制，以便在高级公务员的职业生涯早期就发现他们的潜力。2010年，31个经合组织国家该指标的平均值为45%（范围为0~1）。

总体而言，多个维度的审查表明，大多数经合组织成员国已实施了绩效管理，但在国家和维度之间存在显著差异。大多数政府似乎更强调与人力资源管理相关的实践，而不是强调战略规划和绩效预算。因此，大多数政府主要将绩效管理视为一种可以更加有效地管理人力资源的工具，而在较小程度上是为了建立战略规划平台。这些发现支持这样一个论点，即研究人员和从业者都将绩效管理视为激励员工在工作中投入更多精力并因此提高组织绩效的一种方式。然而，在大多数经合组织国家中，使用金融工具软硬兼施的情况要少得多，这意味着绩效管理要么无效，要么以某些间接方式影响组织绩效。

事实上，本书证明，绩效管理机制主要影响管理质量，从而使中层和基层官僚感到被赋予权力。我们的跨国比较结果表明，2008~2011年实施的绩效管理实践与2012年衡量的管理质量和政府效能呈正相关，而这些改善与2014年衡量的公民信任度呈正相关。改善的协调举措与任何研究变量无关。通过调解，人力资源管理的权力下放和资源可用性与管理质量和政府效能呈正相关，但与绩效管理做法和实践无关。

换言之，绩效管理和结构性改革对国家政府产出和成果的影响喜忧参半。我们分析的核心结果是，绩效管理可能对提高管理质量和政府效能有效，从而有助于提高公民对政府的信任。特别是，被视为新公共管理改革的重要组成部分的权力下放，以资源可用性为中介间接地与管理质量和政府效能相关。

我们的核心结果将注意力集中在管理质量和政府效能上，这既是绩效管理和其他结构性改革应实现的主要目标，也是公共部门绩效的主要决定因素。管理质量和政府效能主要反映个人的能力和技能，绩效管理和其他结构性改革使有才能的管理者能够得到锻炼，并让其他人可以提高他们的能力和技能。然而，拥有足够工具来执行任务并证明有效的高素质管理者不一定会产生类似的组织或宏观经济结果，因为他们每个人对现实、目标和实现目标的方式的理解可能与其他人不同，他们甚至可能在所信仰的核心价值观上有所不同。事实上，我们期望享有高度自主权的高素质管理者提出他们对公共利益的看法，并在这些方面具有创造性（Moynihan，2008）。因此，我们可以预期，这种输入和输出链将始终影响公民对政府的看法，以及他们对政府长期服务于公共利益的信心。我们的研究表明，这个逻辑有效成立。

这一分析表明，绩效管理机制主要促进管理流程和组织文化，强调领导力、问责制、计划、评估、透明度和良好行为，以及专业精神和管理自主权。因此，绩效管理和其他结构性变化仅通过本质上强调主观解释的行为变量来影响结构性结果。因此，我们应该非常小心，不要期望这些变化会产生特定的共同组织结果，如效率或利润，因为这些机制不一定是为了实现这些结果而设计的。

此外，绩效管理改革的影响可能会持续数年，这使改革容易受到相关参与者的歪曲和偏见的影响。此外，我们支持结构性变化会影响组织绩效的说法。因此，在规划改革时，应仔细考虑行为因素，如动机、激励、解释和学习。这一重点应指导绩效管理改革的规划和实施，并特别关注制度企业家及其使用的策略。

7.4 绩效管理政策方针：规划阶段和政策工具

到目前为止，我们讨论了绩效管理实践可以丰富和改进政策制定过程和公共部门成果的方式。我们现在转向影响的另一个方面，即决策理论和实践如何帮助规划和实施有效的绩效管理机制。我们从规划阶段开始，在下一节继续讨论实施阶段。

绩效管理体制通过与公众、利益相关者、公众代表协商，并在战略规划阶段对外部环境进行分析，从外部环境中获取信息。这个过程产生了一系列信息类别，如战略目标、目的、绩效衡量标准和指标（Moynihan，2008）。规划和实施绩效管理机制的过程类似于战略管理的核心思想（Behn，2001，2003；Bouckaert and Halligan，2008；Moynihan，2009）。根据组织的愿景和总体战略，设定期望结果。在逆向规划的过程中，可以规划实现期望结果所需的产出。然后，确定实现产出所需要的投入和活动。在此过程的每个阶段，我们都会制定目标、指标和措施。因此，绩效管理可以看作是战略管理，对这种机制的规划就是战略规划。

然而，许多研究表明，现有的绩效管理体制侧重于衡量和激励，自上而下的机制将利益相关者和员工排除在外，并且不承认公共组织运作的复杂环境（Arnaboldi et al.，2015；Broadbent and Laughlin，2009；Moynihan，2008）。因此，公共服务组织中的绩效管理体制通常会产生负面影响，破坏员工的积极性、士气和行为（Arnaboldi et al.，2015；Diefenbach，2009）。

因此，我们需要一种决策工具来规划绩效管理体制，以解决现有体制中所存在的问题，并考虑公共部门的特殊特征。为此，在第5章中，我们基于公共政策理论和实践中出现的两个主要原则制定了一个框架。第一，我们描述了一种方法，管理者可以通过该方法来决定目标、绩效指标和技术绩效衡量标准，从而最大限度地减少使用策略对体制进行博弈的能力和动机。该方法是一种基于层次分析法的应用，这种方法通常用于政策评估，对需要主观（专家）比较的备选方案进行分级（Saaty，1990）。在这种背景下，该方法通过为每个组成部分分配权重，帮助对组织活动中每个组成部分的相对重要性进行排序。该方法集成了各种控制措施，导致难以操纵主观目标设定和绩效评估。第二，该框架建议让组织员工参与绩效管理体制，将他们视为角色专家，参与设定目标，分配绩效指标，衡量标准，以及评估其角色的有效性。根据自下而上的政策规划方法，我们认为这种参与有助于最大限度地减少使用博弈策略的动机，并增加使用绩效信息来提高绩效的可能性。因此，第5章中描述的框架提出了一种决策工具，用于规划绩效管理体制，最大限度地减少博弈策略，鼓励使用绩效信息，并促进鼓励合作学习的组织文化。

更具体地说，建议的框架中提出了一个三层决策过程。在第一层，我们绘制组织活动图并评估每个活动在组织活动的特定维度内的相对重要性。在第二层，我们计算每个维度在组织活动中的相对重要性。基于这两个阶段，管理者可以规划绩效管理体制，这意味着他们可以决定应该评估哪些活动，以及应该给予组织中每项活动的相对权重。在一定程度上，通过这个过程，组织的目标也被审视和重新评估。在第三层，我们通过为活动的重要性分配权重来评估活动的测量技术。这种方法还允许我们综合所有绩效组成部分，以产生战略绩效管理方法。此外，鉴于第一层是基于员工角色定义和分配资源的评估，此处开发的框架也有助于改革组织结构。

因此，本书中开发的综合框架包括了对目标、活动和测量技术进行优先排序的工具。建立这样一个等级制度是一个必要的管理工具。它承认公共组织的复杂性，并允许组织在规划具体机制时有足够的自由度。在这方面，该框架解决了公共部门的复杂性和多样性，这是其他战略管理技术所没有考虑的因素。此外，该框架依赖于组织工作人员的整合，他们是帮助确定优先级的内容专家。这种整合对于克服当前绩效管理体制中的固有问题特别是博弈行为很有价值。评估过程的复杂性降低了人们试图与体制进行博弈的动机，因为体制会给接受审查的人制造更多的不确定性（Bevan and Hood，2006）。在这些情形下，博弈行为会变得更加困难，这是因为受审者无法确定哪种类型的方案符合他们的组织利益。通过这种方式，该框架提出了一种自下而上的方法，就公共组织而言，它优于自上而下的战略管理。通过将员工视为参与计划过程的内容专家使他们对结果分担责任，因此使用博弈策略的动机进一步降低。这个因素也提高了增加社会福利的能力，以及公共行政管理者的积极性。因此，使用层次分析法可以通过提高收集员工绩效信息能力评估员工绩效，并利用员工绩效信息进行有效改革，从而改善许多针对绩效管理体制的批评。

7.5　绩效管理政策方针：实施阶段的制度和政策变化分析

　　绩效管理政策方针包括规划和评估阶段之后的决策和实施阶段的系统性规划和分析。在第 6 章中，我们开发了一个综合框架，利用新制度主义的各种流派和对公共部门改革的解释来分析具体的绩效管理制度的建立和实施方式。该框架有助于解释改革的过程，并提出在政策制定和实施阶段克服障碍的策略。

　　绩效管理改革可能有多种形式和范围，这取决于企业家能够和想要推进的改革的广度和深度，以及决策者遵循这些发展方向的意愿。改革通常是为了应对危机而演变发展的结果（Bouckaert and Halligan，2008；Moynihan，2008；Pollitt and Bouckaert，2004）。结构性变化和社会经济进程转化为国家的一个或多个运营体制的危机，为改革创造了基本氛围，这也触发了制度企业家的演变。另一种情况是循序渐进式的，通过潜在的转型过程逐渐改变现状，为新想法理念开辟舞台。当结构性变化没有上升到严重危机的程度时，国家制度和政治文化就会占据主导地位。

　　危机和消极政策结果会产生负面的政策反馈。在这里，危机的强度也反映了负面政策反馈的强度。但是，也有媒体和公共管理者等中间人在现实和提供给公众的远景之间进行调解。如果这些调解人有强烈的兴趣来维持现状，就会产生强烈的锁定效应，这意味着他们会使用直接和间接的方式来给民众带来危机并没有那么糟糕或替代方案更糟糕的印象。当具有否决权的参与者产生的锁定效应非常显著时，只有循序渐进式的制度变迁是可能的，而制度企业家很少会促成这种结果。相反，只有当全球影响、思想传播和经济放缓趋于一致时，制度企业家才会逐渐发展，但即便如此，他们也倾向于采取保守而不是激进的方法。

因此，在大多数情况下，绩效管理体制的确切范围和特点取决于制度企业家的身份、利益、能力及他们可以用于谈判的权力和关系。他们可以使用各种策略来推进他们的愿景。在第 6 章中，我们提出了一个分析框架来解释和规划这些策略。在许多情况下，当权威改革者面对的是重要的内部和外部否决权的参与者时，就会单纯地忽略政策领域，这就意味着投入该领域的资源更少了。这样就会产生一个漂移过程，削弱否决权参与者的反对意见，并出现更多采取额外改革措施的机会（Mizrahi and Tevet，2014）。分层策略在许多绩效管理改革中也很明显，这些改革始于绩效衡量机制（Broadbent and Laughlin，2009）。在第一层的基础上，又增加了其他层，包括引入基准、激励计划、工作计划和战略管理（Mizrahi，2013）。在许多情况下，转变也会发生，因为公共组织的主要目标已经从促进社会福利转变为最大化效用和效能。事实上，在很大程度上，这种观念转变是绩效管理改革的第一步（Pollitt and Bouckaert，2004）。通过前期策略积累支持后，修订通常是改革最后阶段的特征（Mizrahi，2013）。

Campbell（2004）强调了制度企业家以各种方式在制度变迁过程中发挥的核心作用。第一，他们在清晰而简洁的术语表达和问题构建方面起着至关重要的作用。第二，参与社交网络和组织的企业家学习了新的想法理念，他们可以将这些理念转化为激进的制度变迁。第三，成功的企业家调动资源和盟友，提供证据表明所提议的改革在其他地方已经成功实施，并展示创新计划如何符合决策者的利益和观点，并符合民意。

在很大程度上，高级公共行政管理者所具有的能力和渠道，使他们成为公共部门改革过程中的关键角色（Mizrahi，2013）。鉴于我们之前讨论的阻碍绩效管理改革的政治和行政障碍，高级（在一定程度上也包括初级）公共行政管理者成为发起和实施此类改革的关键角色。因此，他们使用的策略和他们克服障碍的能力是解释和规划绩效管理改革的具体内容的主要因素。这只能通过对现有权力关系和利益的详细策划来实现，而这一策划可以通过理性选择制度主义来实现。

因此，公职人员在启动、规划、维护和实施绩效管理改革方面发挥着关键作用。这种作用通过解决潜在的歪曲和博弈风险的方式来规划绩效管理机制，使用此类机制学习和转变组织文化，以及积极参与规划和实施过程。公职人员参与这些过程对于绩效管理政策方针的各个方面都至关重要。此外，由于所有这些过程和机制都改进了问责制和公共责任制，它们有可能改变政治文化和民主场景中不同参与者之间，以及社会部门和群体之间关系的本质。公职人员作为制度企业家在这种动态和社会改革中的关键作用使他们成为社会改革的推动者。

7.6 总结

本书强调了绩效管理方法与政策制定和实施过程相互作用的方式。这种互动产生了一种双向概念的绩效管理政策方针。一方面，它包括政策制定者可以使用绩效管理机制并从中受益的方式。另一方面，它认为政策理论和实践有助于识别潜在缺陷，并相应地设计和实施有效的绩效管理机制。

绩效管理政策包括以下几个原则：第一，绩效管理机制可以丰富政策制定和实施，从而提高政府效能，加强民主国家的问责制和公共责任制。第二，为实现这一目标，绩效管理机制应仔细规划和实施，使其充分融入决策过程。第三，中央政府和公共组织应将绩效管理视为他们必须不断参与的政策领域，而不是将其视为特定的管理工具。第四，公共政策的周期性要求不断学习，绩效管理体制应以促进组织学习为目标，并将其作为政策过程的一部分进行规划和整合。第五，有效的基于绩效的政策有两个层面。在宏观层面，政府应强调系统性的绩效指标，并为公众提供监督政府活动的工具。在微观层面，政府政策应引导公共组织构建绩效管理机制，强调组织绩效指标，让员工参与到这些机制的设计中并进行学习。第六，鉴于企业家在推动政策和制度变迁方面的核心作用，在绩效管理领域，制度企业家也在推动改革和引导自身走向社会改革方面发挥着主要作用。公务员在这种动态中扮演着关键角色，以至于他们被认为是作为社会改革推动者的制度企业家。该领域的研究应重点关注他们如何演变及他们所采取的策略，这也将为促进制度和社会改革提供切实可行的建议。

7.7 从业者要点

绩效管理政策方法包括以下要素：

（1）应意识到绩效管理机制可以丰富政策制定和实施，从而提高政府效能并加强民主国家的问责制和公共责任制。

（2）应仔细规划和实施绩效管理机制，使其充分融入决策过程。

（3）中央政府和公共组织应将绩效管理视为他们必须不断参与的政策领域，而不是将其视为一个具体的管理工具。

（4）绩效管理体制应以促进组织学习为目标，进行规划并将其整合到政策过程中。

（5）有效的基于绩效的政策包括两个层面。

a. 在宏观层面，政府应强调系统性绩效指标，并为公众提供监督政府活动的工具。

b. 在微观层面，政府政策应引导公共组织构建注重组织绩效指标的绩效管理机制，将员工纳入这些机制的设计和学习中。

（6）公务员是推动绩效管理领域政策和制度变迁的关键角色，在某种程度上，他们可以被视为推动社会改革的制度企业家。

（7）成功的企业家会考虑政治、社会和经济因素，目标是找出障碍和否决参与者。然后，他们可能会采取以下几种方式：

a. 一个漂移过程，可以削弱否决者反对意见并为额外改革措施提供机会的漂移过程。

b. 一个绩效管理改革的分层战略从引入绩效评估机制开始。

c. 转变，即公共组织的首要目标从促进社会福利转变为效用和效能的最大化。

d. 修订，在前述策略积累了支持之后，改革在最后阶段的特点是修订。

参考文献

［1］ Arnaboldi, M., Lapsley, I., & Steccolini, I. (2015). Performance management in the public sector: The ultimate challenge. Financial Accountability & Management, 31 (1), 1-22.

［2］ Behn, R. D. (2001). Rethinking democratic accountability. Washington, DC: Brookings Institutions.

［3］ Behn, R. D. (2003). Why measure performance? Different purposes require different measures. Public Administration Review, 63, 586-606.

［4］ Bevan, G., & Hood, C. (2006). What's measured is what matters: Targets and gaming in the English health care system. Public Administration, 84, 517-538.

［5］ Bouckaert, G., & Halligan, J. (2008). Managing performance: International comparisons. New York: Routledge.

［6］ Bovens, M. (2007). Analyzing and assessing accountability: A conceptual framework. European Law Journal, 13 (4), 447-468.

［7］Broadbent, J. , & Laughlin, R. （2009）. Performance management systems: A conceptual model. Management Accounting Research, 20, 283-295.

［8］Campbell, J. L. （2004）. Institutional change and globalization. Princeton, NJ: Princeton University Press.

［9］Chen, Z. , Eisenberger, R. , Johnson, K. M. , Sucharski, I. L. , & Aselage, J. （2009）. Perceived organizational support and extra-role performance: Which leads to which? The Journal of Social Psychology, 149 （1）, 119-124.

［10］Christen, M. , Iyer, G. , & Soberman, D. （2006）. Job satisfaction, job performance and effort: A reexamination using agency theory. Journal of Marketing, 70 （1）, 137-150.

［11］Diefenbach, T. （2009）. New public management in public sector organizations: The dark side of managerialistic "Enlightenment". Public Administration, 87 （4）, 892-909.

［12］Deci, E. L. , Koestner, R. , & Ryan, R. M. （1999）. A meta-analytic review of experiments examining the effects of extrinsic rewards on intrinsic motivation. Psychological Bulletin, 125, 627-668.

［13］Deci, E. L. , Koestner, R. , & Ryan, R. M. （2001）. Extrinsic rewards and intrinsic motivation in education: Reconsidered once again. Review of Educational Research, 71, 1-27.

［14］Heinrich, C. J. （2007）. False or fitting recognition? The use of high performance bonuses in motivating organizational achievements. Journal of Policy Analysis and Management, 26, 281-304.

［15］Heinrich, C. J. , & Marschke, G. （2010）. Incentives and their dynamics in public sector performance management systems. Journal of Policy Analysis and Management, 29 （1）, 183-208.

［16］Horn, M. （1995）. The political economy of public administration. New York: Cambridge University Press.

［17］Houston, D. J. (2006) . "Walking the walk" of public service motivation: Public employees and charitable gifts of time, blood, and memory. Journal of Public Administration Research and Theory, 16, 67-86.

［18］Lindberg, S. I. (2013) . Mapping accountability: Core concept and subtypes. International Review of Administrative Science, 79, 202-226.

［19］Mayer, R. C. , & Davis, J. H. (1999) . The effect of the performance appraisal system on trust for management: A field quasi-experiment. Journal of Applied Psychology, 54 (1), 123-136.

［20］Mizrahi, S. (2013) . A new institutionalism analysis of performance management reform: Theoretical outline and evidence from Israel. Journal of Comparative Policy Analysis, 15 (3), 220-234.

［21］Mizrahi, S. , & Tevet, E. (2014) . A new institutionalism analysis of electricity sector reform: Theoretical and comparative perspectives. Public Administration Quarterly, 38 (1), 3-37.

［22］Moynihan, D. P. (2008) . The dynamics of performance management constructing information and reform. Washington, DC: Georgetown University Press.

［23］Moynihan, D. P. (2009) . The politics measurement makes: Performance management in the Obama era. The Forum, 7 (4), 1-21.

［24］Mulgan, R. (2000) . "Accountability": An ever-expanding concept? Public Administration, 78 (3), 555-573.

［25］OECD. (2007) . Government at a glance. http: //www. oecd. org/newsroom/38528123. pdf. Accessed 15 February 2016.

［26］OECD. (2011) . Government at a glance. http: //www. oecd-ilibrary. org/ docserver/download/4211011e. pdf? expires = 1476352829&id = id&accname = guest&checksum = 3CA13E116A3BE3A499A6F89622F32AEB. Accessed 15 February 2016.

［27］Pollitt, C. , & Bouckaert, G. (2004) . Public management reform: A comparative perspective. Oxford：Oxford University Press.

[28] Rainey, H. G. (1983) . Public agencies and private firms：Incentive structures, goals, and individual roles. Administration and Society, 15, 207-242.

[29] Rhoades, L. , & Eisenberger, R. (2002) . Perceived organizational support：A review of the literature. Journal of Applied Psychology, 87, 698-714.

[30] Saaty, T. L. (1990) . The analytic hierarchy process. Pittsburgh, PA：RWS Publications.

[31] Schedler, A. (1999) . Conceptualizing accountability. In A. Schedler, L. Diamond, & M. F. Plattner (Eds.), The self-restraining state：Power and accountability in new democracies. London：Lynne Rienner Publishers.

[32] Thompson, D. F. (2014) . Responsibility for failures of government：The problem of many hands. American Review of Public Administration, 44 (3), 259-273.

[33] Van Slyke, D. M. (2007) . Agents or stewards：Using theory to understand the government-nonprofit social service contracting relationship. Journal of Public Administration Research and Theory, 17, 157-187.

[34] Vibert, F. (2007) . The rise of the unelected. Cambridge：Cambridge University Press.

[35] Wood, D. B. (2010) . Agency theory of the bureaucracy. In R. F. Durant (Ed.), Oxford handbook of American bureaucracy. Oxford：Oxford University Press.

索　引

A

Accountability, 1

Agenda setting, 143

Analytic hierarchy process, 6

Appropriateness, 129

As globalization, 132

问责制, 1

议程设置, 143

层次分析法, 6

适当性, 129

全球化, 132

B

Balanced scorecard, 114

Barriers, 134

Barriers to authoritative policy change, 135

Barriers to internal policy conversion, 135

Benchmarks, 15, 114

Bureaucratic entrepreneurs, 8

Bureaucrats, 3

平衡计分卡, 114

障碍, 134

权威性政策改革的障碍, 135

内部政策转变的障碍, 135

基准, 15, 1114

官僚企业家, 8

官僚, 3

C

Chicago School, 141

Client-oriented approach, 12

Collective action, 23

Communicative rationality, 17

Competition, 13

Conflict management, 143

Content experts, 118

Contracting-out, 12

Conversion, 136

Cooperative learning, 6

Coordination, 5

Cream skimming, 29

Critical juncture, 129

芝加哥学校，141

以客户为导向的方法，12

集体行动，23

交际理性，17

竞争，13

冲突管理，143

内容专家，118

外包，12

转变，136

合作学习，6

协调，5

刮脂，29

关键时刻，129

D

Decentralization, 5

Delegation of authority, 68

Demand and supply, 139

Democratic systems, 2

Diffusion of ideas, 128

Displacement, 136

Distortion, 3

Dysfunctions, 1

地方分权，5

权力下放，68

需求和供应，139

民主制度，2

思想传播，128

置换，136

歪曲，3

功能失调，1

E

Educational tests, 41

Effective management, 2

Effectiveness, 2

Efficiency, 2

Effort substitution, 27

Employee empowerment, 160

Equilibrium, 39

Explicit contracts, 15

Extrinsic rewards, 26

教育考试，41

有效管理，2

效能，2

效率，2

努力替代，27

员工授权，160

均衡，39

明确合同，15

外在奖励，26

F

Formal models of bureaucracy, 141

Formal theoretical modeling, 3

Framing problems, 144

官僚制形式化模型，141

形式化理论模型，3

问题构建，144

G

Game-theoretical, 4

Gaming activities, 3

Government effectiveness, 5

Government Performance and Results Act (GPRA), 18

博弈论，4

博弈活动，3

政府效能，5

政府绩效和结果法案（GPRA），18

H

Healthcare indicators, 41

Historical institutionalism, 129

医疗保健指标，41

历史制度主义，129

I

Implementing, 5

Incremental institutional change, 130

Institutional change, 7

Institutional entrepreneurs, 8

Institutions, 128

Instrumental rationality, 17

Intangible rewards, 160

Integration of citizens into government, 1

Interactive dialogue model, 16

Interest groups, 140

Intrinsic motivation, 65

实施，5

渐进式制度变迁，130

制度变迁，7

制度企业家，8

制度，128

工具理性，17

无形奖励，160

公民与政府的整合，1

交互式对话模型，16

利益集团，140

内在动力，65

K

Key performance indicators, 114

关键绩效指标，114

L

Labor unions, 141

Layering, 136

Leadership, 128

Lean management, 114

Learning perspective of accountability, 159

Learning through dialogue, 4

Lock-in effect, 7

工会, 141

分层, 136

领导力, 128

精益管理, 114

问责制学习观点, 159

通过对话学习, 4

锁定效应, 7

M

Management quality, 68

Mid-level bureaucrats, 22

Monitoring, 41

管理质量, 68

中层官僚, 22

监控, 41

N

Nested relations, 3

New institutionalism, 2

New Public Management, 1

嵌套关系, 3

新制度主义, 2

新公共管理, 1

O

OECD, 5

Organizational culture, 4

Organizational indicators, 20

Organizational learning, 8

Organizational performance, 68

Organizational support schemes, 65

经合组织, 5

组织文化, 4

组织指标, 20

组织学习, 8

组织绩效, 68

组织支持计划, 65

P

Participation of workers in managerial processes, 4

Path-dependent analysis, 129

Pay-for-performance, 3

Performance budgeting, 74

Performance data, 4

Performance indicators, 6

Performance management, 1

    mechanisms, 1

    policy approach, 2

    reforms, 6

Performance measures, 14

Performance-based decision-making systems, 3

Performance-based policy, 2

Planning, 5

Policy analysis, 3

Policy feedback, 7

Policy making, 1

Political appointments, 49

Politicians, 3

Principal-agent, 3

Private sector, 4

Privatization, 12

Production costs, 76

Professionalism, 163

Program performance indicators, 20

Public choice theory, 139

Public sector, 4

reforms, 6

Punctuated equilibrium, 129

员工参与管理过程，4

路径依赖分析，129

绩效工资，3

绩效预算，74

绩效数据，4

绩效指标，6

绩效管理，1

机制，1

政策方针，2

改革，6

绩效衡量标准，14

基于绩效的决策体系，3

基于绩效的政策，2

规划，5

政策分析，3

政策反馈，7

政策制定，1

政治任命，49

政客，3

委托代理，3

私营部门，4

私有化，12

生产成本，76

专业精神，163

项目绩效指标，20

公共选择理论，139

公共部门，4

改革，6

间断均衡，129

Q

Quality of management, 5

管理质量，5

R

Radical institutional change, 134

Rational choice institutionalism, 129

Regulators, 3

Regulatory impact analysis（RIA），74

Relational performance management systems, 18

Reporting mechanisms, 3

Reputation, 51

Resource availability, 5

Responsibility, 2

Responsive management, 13

Revision, 136

激进的制度变迁, 134

理性选择制度主义, 129

监管者, 3

监管影响分析（RIA）, 74

关系型绩效管理体制, 18

报告机制, 3

声誉, 51

资源可用性, 5

责任制, 2

响应式管理, 13

修订, 136

Strategic management, 5

Strategies of change, 7

Structural Equation Modeling（SEM）, 85

Symbolic benefits, 16

Systemic indicators, 20

满意度, 26

高级公共管理者, 22

社会改革, 9

社交网络, 144

社会经济分类, 29

社会学制度主义, 129

战略性决策, 143

战略性人力资源管理（HRM）, 74

战略管理, 5

改革战略, 7

结构方程模型（SEM）, 85

象征性利益, 16

系统性指标, 20

S

Satisfaction, 26

Senior public managers, 22

Social change, 9

Social-networks, 144

Socio-economic sorting, 29

Sociological institutionalism, 129

Strategic decision making, 143

Strategic human resources
management（HRM）, 74

T

The structural conditions, 133

Theory of constrained innovation, 131

These range from bargaining, 143

Training, 65

Transactional performance management systems, 18

Transformative entrepreneurs, 7

Transparency, 7

Trust, 26

结构性条件, 133

约束创新理论，131

包括讨价还价，143

培训，65

事务型绩效管理体制，18

改革型企业家，7

透明度，7

信任，26

U

Use of performance information，100

使用绩效信息，100

V

Virginia School，141

弗吉尼亚学校，141

W

Work plan，40

Worldwide Governance Indicators（WGI），73

工作计划，40

全球治理指标（WGI），73